JOËL THIBAULT

L'AUMÔNIER DES CHAMPIONS

Une immersion holistique dans le milieu du sport professionnel

Préface d'Olivier Giroud

LES ÉDITIONS DU CERF

Ruben Nussbaumer – Agent littéraire
nussbaumer.agent@gmail.com

www.editionsducerf.fr
24, rue des Tanneries
75013 Paris

ISBN : 978-2-204-14874-0

PRÉFACE

Ma rencontre avec Joël est un moment important dans mon chemin de foi.

Nos échanges et moments de partage sur la parole de l'Évangile ainsi que les études bibliques ont fait grandir en moi ce désir d'en savoir plus sur la vie de Jésus.

Dieu m'a donné un talent pour jouer au football et je Lui rends grâce avec un cœur reconnaissant pour ce don qu'Il m'a offert. Je suis un compétiteur et j'aime gagner !

Cependant, lorsque les circonstances me sont défavorables, je n'oublie jamais que Dieu est fidèle. Il nous aime et ne nous abandonne jamais. Il a un plan et des promesses pour chacun. J'aime me rappeler au travers de Romains 8, verset 37 que « Nous sommes plus que vainqueurs en Christ qui nous aime ». Ce verset, tout comme le psaume 23 que j'ai fait tatoué sur mon bras, me donne force, confiance et espoir lorsque je suis sur le terrain.

Joël aime me comparer au personnage biblique Joseph, du fait que rien n'a jamais été facile pour moi et qu'il a fallu me forger cette force de caractère. Cette force, je la puise notamment dans ma foi en Dieu, un message rempli d'amour, d'humilité et de résilience qui sont autant de valeurs qui me sont chères.

Le témoignage de Michael Phelps dans le documentaire *Le poids de l'or* met en lumière la souffrance des athlètes liée à la pression, la solitude et la douleur pendant les Jeux olympiques. C'est alors que l'accompagnement des aumôniers sportifs tels que Joël auprès des athlètes prend tout son sens.

On dit bien souvent à juste titre que le sportif a besoin de se sentir bien dans sa tête et son esprit pour être compétitif.

Joël et les aumôniers du sport sont des oreilles attentives et disponibles pour apporter cette assistance morale et spirituelle pour le bien-être du sportif.

Merci à toi Joël pour ton écoute, ta disponibilité et tes prières.

Olivier Giroud

INTRODUCTION

« Lors d'un match de qualification d'un tournoi sur gazon en Hollande, j'ai vu qu'un de mes adversaires était très troublé. Je l'entendis dire qu'il n'avait pas pu se procurer de chaussures adaptées au terrain, et qu'il n'arrêtait pas de glisser. Je lui proposais une de mes paires. Son visage trahit sa stupéfaction, alors qu'il se demandait comment je pouvais être si bête… Je lui tendis la clé de ma chambre d'hôtel, pour qu'il aille les chercher. Au moment d'être appelé pour jouer, je vis qu'il portait mes tennis. Il remporta la première manche, mais je finis par gagner le match. À la fin, il me remercia profondément, sincèrement. Il ne lui était jamais arrivé pareille aventure », raconte Nduka Odizor, joueur de tennis international, qui a participé aux Jeux olympiques de Séoul en 1988. C'est aussi un aumônier du sport des temps modernes. Mais qu'est-ce qu'un aumônier ? On trouve ce mot dans l'hagiographie de saint Martin de Tours[1]. Martin, fils de soldat, est né vers 315 après J.-C. à Sabaria dans l'actuelle Hongrie et a grandi à Pavie, en Italie, où il est devenu soldat. Selon la légende, jeune officier à Amiens, il coupa en deux son manteau militaire (*cappa* en latin) avec son épée et en donna la moitié

1. Sulpice Sévère, *Saint Martin de Tours*, Éditions du Cerf, 2016.

à un mendiant nu et grelottant, qui était ignoré de tous sur leur chemin. Son geste provoqua les moqueries car il avait peu fière allure avec son demi-manteau. « Mais beaucoup qui raisonnaient plus sainement, regrettèrent très profondément de n'avoir rien fait de tel, alors que justement plus riches que lui, ils auraient pu habiller le pauvre sans se réduire eux-mêmes à la nudité[1] ». À la suite de ce geste rempli de compassion, Martin vit dans son sommeil « le Christ vêtu de la moitié de la *chlamyde* (manteau militaire) dont il avait couvert le pauvre. » Peu de temps après, Martin est devenu chrétien et a été baptisé. La moitié du manteau devint un objet de vénération, et on appela l'édifice où on avait déposé la relique « Cappella », en référence à son manteau. Le mot évolua de « Cappelle » jusqu'à notre mot actuel « Chapelle ». Le religieux chargé de l'édifice s'appelait le « Cappellain », d'où dérive notre mot « chapelain » communément appelé dans le langage courant français « aumônier », en anglais « *chaplain* ». Par la suite, l'aumônier désigna le prêtre, attaché à une personne de haut rang, qui était chargé de distribuer ses aumônes aux pauvres et de célébrer le culte dans sa chapelle particulière.

Ce terme renvoie donc à la parole du Christ : « chaque fois que vous avez fait quelque chose pour l'un de ces tout-petits, c'est pour moi que vous l'avez fait ». La vocation de l'aumônier du sport doit être motivée par ces deux leitmotive, l'amour du prochain et le partage.

1. *Ibid.*, p. 42.

Le sport ne serait-il pas plus plaisant s'il y avait plus de sportifs comme Nduka Odizor ou Simon Cheprot[1] ?

L'aumônier du sport accrédité en compétition propose à ceux qui le souhaitent, une assistance morale et/ou spirituelle avec pour objectif le bien-être holistique (corps, âme et esprit) de tous ceux engagés dans le sport. La plupart des sportifs évoluant en Angleterre, en Australie, en Nouvelle-Zélande ou aux États-Unis ont l'habitude d'avoir un service de *chaplaincy* et un *chaplain*. En France, ce concept est encore méconnu.

Lorsque nous entendons parler de champions dans le monde du sport, en fonction de notre âge et de notre sport de prédilection, nous pensons à Michael Jordan, Marie-José Pérec, Lionel Messi, Tiger Wood, Kylian Mbappé, Usain Bolt, Yannick Noah ou encore Tony Parker. L'aumônier du sport peut être amené à côtoyer ces héros des temps modernes. J'accompagne depuis quelques années des champions du monde et des championnes olympiques et paralympiques, tous sports confondus. J'ai eu le privilège de servir des centaines d'athlètes comme aumônier accrédité aux Championnats d'Europe para-athlétiques 2014, aux Jeux paralympiques de Rio en 2016, aux mondiaux d'athlétisme de Londres 2017 et Birmingham 2018 ainsi qu'à distance pour les jeux de Tokyo 2020. Certains champions comme Aurélien Collin, Grâce Zaadi ou Olivier Giroud ont souhaité s'exposer

1. Le 3 juin 2019 alors qu'il allait franchir la ligne d'arrivée, Simon Cheprot a vu l'un de ses concurrents au sol. Il s'est immédiatement arrêté pour lui porter secours. Sous les ovations du public, le coureur a relevé son concurrent et l'a porté sur plusieurs mètres pour lui faire franchir la ligne d'arrivée, avant d'appeler les secours.

médiatiquement à mes côtés, d'autres tout aussi célèbres préfèrent cheminer de manière discrète dans leur quête de sens. Il est important de respecter le choix de chacun. Certains sportifs, entraîneurs ou dirigeants de clubs ont besoin d'un confident, d'une oreille attentive et parfois d'un aumônier.

J'espère vous faire porter un autre regard sur les besoins existentiels de ces champions que nous adulons régulièrement. J'aimerais aussi vous amener à considérer une définition plus large du véritable champion selon ma conception de la vie. Les champions ne le sont pas seulement par leurs performances, ils le sont aussi par leurs convictions, leur force de caractère et leur vie en-dehors des projecteurs. Ceux qui excellent dans le sport français reçoivent le label de « sportif de haut niveau » qui est délivré par le ministère des sports. Travaillant auprès des sportifs de haut niveau depuis une dizaine d'années, avec leur accord, je vous emmène au cœur de leurs sacrifices, pour certains occultes, de leurs déceptions, de leurs échecs, mais également de leurs résiliences et de leurs victoires.

J'ai aussi rencontré des champions vivant dans la précarité. Pourquoi ? Parce qu'ils pratiquent un sport moins populaire que le football, le basket-ball ou le rugby. Tous les champions ne vivent pas la vie de palace. D'ailleurs certains d'entre eux, dans des sports moins populaires, ne sont même pas professionnels, cumulant des petits boulots à côté, ou gérant en double projet leur carrière sportive et des études universitaires.

La carrière de sportif de haut niveau est une vie à part, où le sportif passe par des temps de solitude.

Si notre société encense ceux qui amassent les trophées et engendrent de l'argent, j'aimerais mettre en lumière le cœur des champions. Malheureusement, nous pouvons constater que des champions de classe internationale peuvent connaître des défaillances dans leur vie privée. Qui est là pour eux lorsque le rideau retombe ?

Pour certains, je suis le confident d'un jour, pour d'autres une menace en tant que représentant d'une institution religieuse, pour d'autres un mentor, un coach de vie, et pour quelques-uns un véritable ami. Plongez avec moi au cœur de vingt ans de vie au service des champions. J'ai appris à les connaître et à les aimer au-delà de leurs trophées. En tant qu'accompagnateur spirituel et aumônier des sportifs, mon travail consiste à aller au-delà du strass et des paillettes pour se concentrer sur l'homme, dans sa dimension holistique : corps, âme et esprit. J'aspire à voir hommes et femmes, qui travaillent avec diligence, discipline et persévérance dans leur sport, rechercher l'excellence dans leur vie personnelle en terme d'intégrité. C'est pourquoi je crois qu'il est important que les sportifs soient guidés pour améliorer leurs compétences relationnelles au sein de leur famille comme au sein de leur club. L'héritage qu'un sportif va laisser doit être plus grand que ses trophées ! Il est donc important qu'ils puissent être soutenus, accompagnés et encouragés dans leur parcours de vie semé d'épreuves. Je vous invite à découvrir l'envers du décor, où tout ce qui brille n'est pas d'or… jusqu'au jour où le sportif qui se sent vraiment aimé, tel un diamant épuré, se met à briller plus fort !

Chapitre 1

QUAND DES MILLIONNAIRES DÉBARQUENT DANS MON PAVILLON

Été 2018. Un SUV haut de gamme est garé devant ma maison. Je n'ai pourtant pas gagné au loto puisque je n'y joue pas, ni commencé le commerce de substances illicites car cela ferait mauvais genre pour un pasteur. Mes voisins doivent se poser des questions. La voiture dénote dans le quartier. Je n'habite pas une luxueuse villa avec piscine mais un modeste pavillon de la périphérie rennaise. Mon train de vie ressemble à celui de beaucoup de Français de la classe moyenne. La sonnette retentit. Un footballeur de Ligue 1 se tient derrière la porte. Je lui ouvre et je découvre une jeune femme qui l'accompagne. J'ai accepté de les recevoir non sans insistance de sa part.

Je suis accompagnateur spirituel auprès des sportifs dont des footballeurs professionnels depuis plusieurs années maintenant. En conséquence, mon nom circule régulièrement chez les sportifs désireux d'échanger avec un référent spirituel notamment en lien avec le christianisme.

Cela étant dit, je ne les accueille que rarement chez moi, c'est plutôt moi qui me rends disponible pour aller les visiter. Ils sont souvent débordés et vivent à des centaines de kilomètres de mon domicile. Le suivi se fait aussi le plus souvent à distance. Je n'ai pas attendu la crise sanitaire du covid pour maîtriser des logiciels de visioconférence. Pour les Jeux de Tokyo par exemple, reportés en 2021, j'ai été sollicité par le comité d'organisation local pour fournir des méditations quotidiennes aux Olympiens via une plateforme vidéo. La plupart des sportifs que j'accompagne n'ont ainsi aucune idée de comment je vis, ni de la taille que je fais, assis derrière mon ordinateur. Ceux qui franchissent le pas de ma maison découvrent simplement la vie ordinaire d'une famille avec quatre enfants, ce qui peut s'avérer bien éloigné du « bling bling » dans lequel certains baignent parfois.

Cette fois-ci, le joueur en question m'a appelé un peu plus tôt dans la matinée. Il voulait me voir au plus vite. Je le confesse : je suis régulièrement méfiant lorsqu'il s'agit de répondre à des demandes urgentes car elles peuvent être révélatrices d'impatience. Il est rare qu'un sportif accepte un refus. Il est habitué à avoir souvent tout, tout de suite. En fait, tout dépend du niveau de confiance que j'entretiens déjà avec eux. Il me permet de discerner le degré d'urgence. Ces rencontres peuvent être justifiées mais il arrive souvent qu'elles cachent un problème plus profond. Je ne connais pas personnellement ce sportif, je l'ai croisé une fois lors d'un événement avec d'autres joueurs. Et il se trouve qu'un d'entre eux m'a recommandé auprès de lui.

Il essaye de m'expliquer au téléphone sa situation tout en restant évasif. Il a du mal à vivre sa nouvelle blessure, que j'ai malheureusement constatée en direct quelques semaines auparavant en *prime time* le dimanche soir sur Canal+. Le monde du football commence à parler de lui et de ce qu'il va appeler lui-même une « malédiction ». Il a besoin d'aide mais ne peut pas tout me dire par téléphone. Il préfère que l'on se voie.

Quoi qu'il en soit, ce footballeur habite à près de deux heures de route de chez moi. Je n'y mets pas de la mauvaise volonté mais je lui explique que c'est un peu compliqué de faire le trajet le jour même et de m'absenter jusqu'au soir à l'improviste. Je rentre déjà de plusieurs jours de déplacement. J'ai une vie de famille à préserver. Mon empathie a souvent pris le dessus et j'ai parfois lésé ma famille. Mon épouse Emily me le rappelle à l'occasion. Sachant que cela peut créer une tension dans mon couple, je lui propose que l'on planifie un rendez-vous dans les jours à venir.

Quelques minutes plus tard, mon téléphone vibre à nouveau. Le joueur insiste. J'avais bien senti qu'il n'était pas entièrement satisfait de ma proposition. Il est en congé aujourd'hui et me demande s'il peut venir chez moi en fin d'après-midi. Je prends le temps d'exposer la situation à mon épouse qui accepte qu'il vienne chez nous avec sa compagne. Je lui envoie un sms pour lui dire que j'accepte. Une poignée d'heures plus tard, son impressionnant bolide noir chromé se gare sous nos fenêtres. Je m'empresse de les faire entrer chez nous, à l'abri des regards indiscrets.

La situation n'est pas idéale, les enfants vont bientôt rentrer de l'école. C'est donc le calme avant la tempête. Mais cela laisse le temps à Emily d'accueillir à mes côtés ce jeune couple que nous ne connaissons pas. Nous allons dans mon bureau qui a l'avantage d'être séparé du reste de la maison. Nous leur proposons de boire une boisson chaude. Nous les sentons tendus. La situation ne semble pas évidente pour eux.

Le jeune homme a dans son entourage quelques footballeurs chrétiens que je côtoie. Il est lui-même en pleine recherche spirituelle. Il a déjà participé à une des visioconférences que j'organise régulièrement sur les grandes vérités bibliques. Mais ce n'est pas véritablement la raison de sa visite. Il est préoccupé par sa situation. Sa petite amie est enceinte. Ça devrait être une bonne nouvelle. Pas pour lui. Ce n'était pas prévu de son côté et ils ne sont pas mariés. Ses proches le poussent à ce qu'il épouse sa compagne par tradition et pour l'honneur de la famille. Je sens que ce n'est pas évident aussi pour lui de tout me dévoiler devant son amie.

J'apprendrai plus tard qu'une partie de son entourage ne voyait pas d'un bon œil leur relation. Certains semaient le doute en lui : « Elle t'a piégé, en te faisant un enfant dans le dos. Elle s'assure de ses rentes... » Dans le monde du sport professionnel et en particulier du football où de jeunes joueurs peuvent toucher très tôt et très vite beaucoup d'argent, cela attire des convoitises. Le sportif lutte pour savoir s'il est aimé pour qui il est ou pour ce qu'il peut rapporter. C'est souvent pour cela que la majorité des relations durables chez les sportifs sont des relations antérieures à leur notoriété. Là-dessus se greffe, de mon point de vue, une compréhension de Dieu complètement dévoyée pour ce jeune couple. Ils veulent se marier religieusement. Nous les écoutons attentivement pour comprendre leur raisonnement.

Le footballeur s'est blessé gravement pour la deuxième fois en quelques mois et interprète cette épreuve comme une sorte de malédiction ou de punition divine liée à cette situation de concubinage. Il semble perdu. De son côté, elle ne connaît pas trop la foi chrétienne, sa famille est non-croyante, mais elle est disposée à en parler.

Ils me font part d'une discussion qu'ils ont eue avec un autre couple chrétien dont le mari est un artiste reconnu dans le monde du Gospel urbain francophone. Dans un monde où les influenceurs ont une voix qui porte, ce jeune couple semble ballotté à tous les courants de pensée, tant que celui qui parle a du charisme et de la notoriété. Ce chanteur leur aurait affirmé que « le vrai mariage c'est celui devant Dieu, il faut se mettre en règle devant Dieu pour stopper cette malédiction des blessures. » C'est ce que me rapporte ce jeune footballeur. Il désire faire tout son possible pour que les choses reviennent dans l'ordre : être remis sur pied à 100 % pour jouer au football ! Le mariage pourrait sûrement attirer les faveurs de Dieu sur sa vie. De son côté, la jeune femme est heureuse à l'idée d'un mariage. Comme ils ne fréquentent pas d'église locale, ils ont pensé à moi pour célébrer leur union. Tout ceci s'apparente plus à de l'animisme qu'au christianisme ! Lorsqu'il y a un problème, il faut se protéger par la bénédiction de quelqu'un de plus puissant. La motivation n'est pas la recherche de l'obéissance à Dieu mais plutôt mettre toutes les chances de son côté, pour que la faveur soit sur sa vie pour réussir dans le football. Cette pensée l'habite : « Si je me marie, ça en sera fini des blessures graves. »

« Qu'est-ce que tu en penses ? » me questionnent-ils.

Le couple ne parle pas d'un engagement de foi, que l'on peut appeler conversion dans le langage évangélique et qui se concrétise par un baptême pris par consentement en tant qu'adulte.

Je les interpelle :

– Lorsqu'une épreuve nous arrive, nous pouvons être plus attentifs à Dieu ! Il cherche une relation avec vous, pas des méthodes à appliquer. Et pourquoi vous marier devant Dieu ? Qui est-il pour vous ?

Leurs réponses manquent de clarté et d'une connaissance profonde de la Bible.

Je poursuis en m'adressant au jeune homme :

– Pour toi Jésus a-t-il réellement vaincu les puissances du mal lors de sa crucifixion ?

Ma question semble le désarçonner !

– Si oui, alors ta foi est suffisante et tes rituels sont en trop. Si non, je vous propose de découvrir le message de la Bonne Nouvelle de Jésus-Christ.

À travers mes questions, je cherche à savoir si Dieu n'est pour eux qu'un fétiche.

Comme si le sportif pouvait faire du troc avec Dieu pour se faire pardonner ses péchés, pour obtenir une protection divine pour lui et sa famille. Cela nous rappellerait presque le commerce des indulgences au Moyen Âge – lorsqu'il fallait payer pour obtenir le pardon de ses péchés, pratique combattue par Martin Luther à l'heure de la Réforme protestante ! Un beau combat que l'on semble perdre dans certaines églises avec l'Évangile de la prospérité qui a pris forme parmi les prédicateurs américains du XXe siècle[1]. Cela revient souvent dans les discussions : le concept du troc. D'ailleurs, cela me rappelle une anecdote d'un autre sportif qui avait partagé dans le groupe d'étude biblique cette pensée : « Si je donne à Dieu, Il va me guérir ». Pour d'autres les mots étaient différents, mais la pensée similaire : « Si je donne, Dieu va m'offrir un meilleur contrat, Il va permettre un gros transfert… »

La faveur imméritée de Dieu qu'on appelle la Grâce est un principe biblique qui éclaire toute ma vie de croyant. La foi chrétienne est le fait de vivre une relation intime avec Dieu basée sur l'amour. Donc tout ce que je fais doit être motivé par l'amour de Dieu.

Jésus a tout payé et pourtant on met dans la tête des gens qu'il faut payer encore pour obtenir ce qui est déjà acquis. Tout l'Évangile s'effondre…

Mon rôle en tant que pasteur auprès des sportifs qui me sollicitent, c'est de leur montrer qu'au regard de la Bible, cette attitude est de la superstition et non de la foi. Finalement, le sacrifice parfait de Jésus est bafoué par ces pratiques. Ce type de troc, mêlant requête spirituelle et échange d'argent, des sportifs me l'ont déjà proposé et des sportifs victimes de cela me l'ont aussi raconté !

Deux histoires m'ont particulièrement marqué. La première concerne un footballeur international qui a joué la Coupe du Monde dans les années 2000. Il m'a

---

1. CNEF, *La Théologie de la prospérité*, Éditions BLF, 2012, p. 9 : « la prospérité est promise au croyant au même titre que le salut. Elle forme une corde à trois brins : pardon des péchés, santé, richesse. »

fait part un jour de l'emprise que le pasteur de son église dans un pays d'Afrique de l'Ouest avait eue sur lui et sa compagne. Culturellement, lorsqu'un enfant naissait dans une famille, les parents amenaient une offrande au pasteur de l'église pour qu'il bénisse l'enfant. Au fil du temps, la famille de ce joueur s'est agrandie. Depuis, résidant en Europe, il a intégré une autre église locale où, pour la naissance de leurs deux nouveaux enfants, aucune pression financière n'était portée dans les discussions. Mais un jour, il a reçu un appel de son pasteur africain qui, ayant appris la naissance de ses nouveaux enfants, s'étonnait de n'avoir rien reçu comme virement ! Quand ce joueur lui a expliqué que maintenant son église était en Europe, le pasteur s'est emporté en disant : « C'est comme ça que tu nous remercies après toute l'énergie que nous avons mise à prier pour toi et ta famille ! »

La deuxième histoire m'a vraiment mis en colère. Elle concerne un autre footballeur international. Un influenceur avait soi-disant reçu de Dieu que ce joueur devait faire une grosse offrande à tel pasteur, de l'ordre de 50 000 €, pour que ce dernier prie pour l'enfant que son épouse attendait sinon la grossesse aurait des complications. Heureusement, ce couple a eu la sagesse de ne pas entrer dans ce que je qualifierais de sorcellerie saupoudrée de christianisme !

Entendons-nous bien : si quelqu'un veut donner de l'argent pour une œuvre chrétienne, il est invité à le faire dans une attitude de reconnaissance et de manière désintéressée, de telle sorte que sa main droite ne sache pas ce que sa gauche a donné[1]. C'est d'abord une attitude de cœur vis-à-vis de Dieu et non des hommes. Beaucoup de sportifs aiment parler de la dîme. En général les médias se frottent les mains, dès qu'ils peuvent coincer des joueurs là-dessus, comme dans le reportage de Canal+ « Jésus Football Club » ! Ce sujet divise d'ailleurs de nombreux chrétiens au sein des églises. Pour les novices, la dîme consiste à donner 10 % de ses revenus mensuels à l'église ou parfois à des « hommes de Dieu » selon certaines cultures. Quand on y réfléchit bien, lorsque l'on gagne 500 000 € par mois, ça représente 50 000 €. Mais est-ce être généreux quand les 90 % que tu gardes représentent 450 000 € mensuels ? Jésus nous a donné une bonne leçon lorsqu'il a commenté l'acte d'amour d'une modeste vieille dame veuve qui avait donné deux petites pièces, nécessaires à ses besoins fondamentaux. Cela avait peu de valeur aux yeux des riches religieux de l'époque mais finalement, elle avait donné de son nécessaire[2]. Une belle invitation au véritable sacrifice de reconnaissance envers un Dieu riche en bonté.

Certains sportifs préfèrent malheureusement donner leur dîme mécaniquement plutôt que de se mettre à l'écoute de Dieu pour savoir ce que Dieu veut qu'ils fassent avec leur argent ! Là où cela devient dangereux et pernicieux, c'est lorsque des sportifs enrichissent les mêmes grands pasteurs. J'ai pu remarquer que les sportifs fonctionnent souvent dans le spirituel comme ils fonctionnent

---

1. Parole de Jésus dans Matthieu, chapitre 6, verset 3-4.
2. Évangile de Luc, chapitre 21, verset 1-4.

avec les choses terrestres. Si un tel grand sportif va dans tel restaurant, alors il faut y aller aussi. Si l'un achète ses voitures chez tel revendeur, il faut acheter chez lui… Il y a un effet de mode. Le danger est à ma porte !

Certains s'imaginent que si tel sportif connu travaille avec moi, c'est que je dois sûrement avoir une faveur particulière de Dieu. Obtenir ma bénédiction devient alors un objectif spirituel en soi. Cela s'apparente à de la superstition.

Un jour, lors d'une rencontre au restaurant, un sportif que j'accompagnais depuis plusieurs semaines m'a interpellé pour que je lui donne mon RIB. Il voulait me bénir à la suite de notre série d'études bibliques préparatoires au baptême. Il avait reconnu qu'il y avait eu du travail et voulait m'honorer selon une parole de Jésus : « Tout travail mérite salaire ». J'ai fait le choix de refuser car Jésus a dit aussi : « Vous avez reçu gratuitement, donnez gratuitement. » Mais plus encore, l'argent a la fâcheuse tendance à corrompre les sentiments les plus nobles. Je ne voulais pas qu'il croie pouvoir acheter ma bénédiction. Et je voulais que le seul trésor entre nous soit Jésus-Christ. Rien ne m'aurait fait plus plaisir que de l'entendre reconnaître Jésus comme son sauveur. C'est la seule chose qui me bénisse vraiment. Je ne devais pas accepter cet argent, je ne devais pas le laisser croire qu'il était allé au bout de sa démarche spirituelle. Jésus cherchait son cœur tout entier !

Ce joueur n'a pas intégré l'Église, au sens étymologique du mot, « la communauté des véritables croyants ». Il n'était pas prêt à vivre selon la confession de foi évangélique demandée à tout futur baptisé.

1. Crois-tu que Jésus soit le Fils de Dieu ?
2. Es-tu prêt à renoncer aux œuvres mauvaises ?
3. Es-tu prêt à suivre Jésus tous les jours de ta vie ?

Malgré notre discussion, Jésus restait à ses yeux un homme respectable et un grand philosophe humaniste. Cela peut paraître une belle chose que de considérer Jésus comme un homme respectable et un grand philosophe, mais ce n'est pas ce que Jésus nous appelle à professer. Il est bien plus que ça. Il est le Messie, le Fils de Dieu, et Dieu lui-même. La foi en Lui relève de l'absolu et non du ressenti de chacun. Ce message est devenu quasi inaudible à l'heure du relativisme et pourtant, Jésus était d'une radicalité qui ne laisse pas de place au doute.

Au regard des déclarations radicales de Jésus, les évangiles ne nous laissent que trois possibilités : soit Jésus est un fou, soit Il est un menteur, soit Il est réellement ce qu'Il affirme être : le fils de Dieu, Dieu fait homme.

Pour revenir à ce couple en visite chez nous, la connaissance de la volonté de Dieu est clairement au cœur de notre problématique. Quand j'entends le mot « mariage », je me réjouis évidemment, mais le problème est leur conception très spéciale du mariage chrétien.

« Est-ce que tu serais prêt à nous marier ? » : cette question est arrivée assez vite dans nos échanges. Je deviens pour eux l'homme de la situation, celui qui va apporter la faveur de Dieu sur leur vie.

Sans compter qu'ils s'imaginent que je pourrais officier sans même avoir à passer devant le maire. C'est non seulement illégal en France mais c'est passer à côté de la signification réelle du mariage selon la tradition protestante à laquelle je me rattache. Le mariage est une institution voulue par Dieu pour la société. C'est donc la cérémonie civile qui fait office de mariage devant Dieu en France. La célébration à l'église n'est pas un mariage bis mais une bénédiction.

Je ne me suis donc pas trompé ! Quand une personne me sollicite de toute urgence de la sorte, il y a souvent anguille sous roche. Je suis l'homme du moment pour régler un problème de circonstance. Je prends alors le temps d'expliquer à mon visiteur du jour les problèmes que je vois dans sa démarche. Les sportifs de haut niveau n'ont pas l'habitude qu'on leur dise non. Mais peu importe. Ma vocation n'est pas de plaire aux hommes mais de plaire à Dieu. Et je veux aussi agir en citoyen responsable. Je ne vais pas taire mes convictions ni contourner la loi pour satisfaire les désirs urgents de quelqu'un ou pour me rendre agréable à ses yeux. La vérité avant tout ; mais la vérité dans l'amour ! Mon souci est de les amener à se débarrasser des fausses croyances qui pèsent sur leurs épaules et à découvrir qu'au cœur de la difficulté qu'ils vivent, Dieu peut les secourir. Je leur dis qu'Il veut leur manifester sa grâce dans le cadre d'une relation intime qui les amène à reconnaître leurs torts et à se laisser pardonner par Dieu. Il leur faut traiter le cœur du problème : leur état intérieur. Ils ont besoin d'un cœur renouvelé par Dieu[1].

1. Livre de Jérémie, chapitre 24, verset 7 : « Je leur donnerai un cœur pour qu'ils connaissent que je suis l'Éternel ; ils seront mon peuple, et je serai leur Dieu, s'ils reviennent à moi de tout leur cœur. »

En échangeant, je découvre qu'il y a aussi des enjeux culturels : des traditions familiales et des traditions religieuses qui entrent en conflit avec la loi française. Le couple n'étant pas français, je prends le temps d'expliquer le cadre légal en France. Par exemple, j'ai un collègue aumônier au Québec qui peut officier des mariages car l'État lui délègue cette autorité, ce qui n'est pas mon cas.

À ma grande surprise, j'ai aussi découvert à travers ma fonction d'aumônier accrédité aux Jeux de Rio 2016, que je pouvais être amené à célébrer un mariage au sein du village olympique et paralympique, dans lequel il existe un maire temporaire. En bref les Jeux c'est un peu comme Las Vegas !

Dans le cas de ce couple, celui qui aurait à assumer les conséquences judiciaires si j'officiais leur mariage en France, c'est moi.

De leur côté, ce qu'ils devaient assumer c'est leur responsabilité parentale. Après avoir donné la vie à un être, la réussite professionnelle et le succès devaient-ils prendre le pas sur le cadre de vie de cet enfant ? Allait-il grandir en ayant à ses côtés son père et sa mère ?

Au bout de l'échange, je les ai invités à réfléchir sur le véritable sens de leur engagement l'un vis-à-vis de l'autre, et de leur engagement vis-à-vis de Dieu. Est-ce un engagement par peur ou par amour ? Comment bâtir la confiance entre eux et avec Dieu au centre ?

Je les ai invités à étudier la signification du baptême chrétien ainsi que du mariage civil et de la bénédiction de mariage selon la Bible. Avec le recul, cette visite improvisée à notre domicile a débouché sur une véritable relation. Le fait que mon épouse ait pu participer à cet entretien a permis le développement d'une relation fraternelle dans la croissance spirituelle de cette jeune femme et d'échanger sur la maternité et la vie de couple. J'ai continué les études bibliques avec le joueur et les ai encouragés tous deux à rejoindre une église locale pour leur préparation au baptême. Avec mon épouse, nous nous sommes tenus à leur écoute pendant cette saison de leur vie. Nous avons eu la joie d'être invités à leur célébration de mariage religieux quelques mois après leur mariage civil.

Autre jour, autre visite. Celle d'un footballeur passé par le PSG. Je ne croyais plus à sa venue. Il est en visite à Rennes pour des affaires et débarque à 16 heures à mon domicile avec trois heures de retard et des excuses douteuses. Quelques années plus tôt, il évoluait au stade rennais et habitait même à cinq cents mètres de chez moi. Il était toujours trop pris pour que l'on se voie, en revanche il savait toujours trouver mon numéro quand il avait besoin de prières à l'approche des mercatos… Heureusement, tous les sportifs qui se tournent vers moi ne sont pas comme ça.

Bref, le joueur est chez moi. C'est déjà ça. On rigole de ses péripéties. Il me charrie. « Tu vois, je suis bien là », me dit-il avec assurance et sourire jusqu'aux oreilles. « Je suis sûr que tu en doutais. Tu m'as envoyé plein de SMS ». Il est épatant. Malgré son retard, il se sent tout de suite à l'aise et n'a pas de mal à faire la conversation. Humainement, il est charmant. Sur le plan spirituel, il est plus compliqué à cerner. Il a déjà assisté à plusieurs études bibliques que j'anime en visioconférence avec d'autres de ses collègues mais il semble davantage tendre vers une sorte de croyance positiviste que vers une compréhension juste et éclairée de la Bible. Je ne vais pas être déçu de sa visite !

Je comprends assez rapidement la raison de sa présence. Il n'est pas forcément très subtil. Sa carrière ayant décollé, il a gagné beaucoup d'argent et il veut que je l'aide dans le lancement de sa fondation. En fait, il cherche ma bénédiction. Comme je l'ai expliqué, pour certains sportifs, il est important d'être bien vu des « hommes pieux », afin d'espérer maintenir la faveur de Dieu sur eux. Le fait que j'accompagne des sportifs de renom, comme le champion du monde Olivier Giroud, les conforte parfois dans cette idée, même s'ils ne le disent pas ouvertement. Et pourtant, quelle erreur ! Mon domaine est spirituel plus que tactique malgré mes diplômes d'entraîneur. Je crois que le spirituel a un impact sur les performances sur le terrain mais que l'enjeu dépasse le sport. En l'occurrence ce joueur m'a sollicité car j'ai accompagné Olivier Giroud dans certains de ses engagements caritatifs en lien avec sa foi, comme le soutien aux chrétiens persécutés mais aussi la création de l'Académie de football « Plus que sportifs » au Mali. Finalement il dévoile ses cartes : « Bon, Joël tu me ramèneras Olivier pour mon jubilé » ! Son projet est que je fasse venir Olivier lors d'un match de gala pour faire connaître sa fondation. Voilà à quoi peut ressembler mon quotidien. J'apprends petit à petit à discerner les codes de ce monde à part, les jeux d'influence et les aspirations de récupération. Je suis reconnaissant pour toutes ces rencontres. Je me considère comme privilégié de pouvoir les accompagner, de la confiance qu'ils m'accordent en me parlant de leurs problèmes, quelles que soient leurs motivations initiales ! J'ai appris à les aimer pour qui ils sont, avec leurs doutes et leurs travers, afin de les aider dans leur quête d'authenticité dans un milieu bien souvent fait de superficialité. Mon terrain de jeu n'est pas le rectangle vert mais ceux qui le foulent. Vous avez beau les voir à la télévision ou sur des posters, ils sont comme vous et moi. Pour citer Blaise Pascal, des êtres humains qui ont au fond de leur cœur « un vide en forme de Dieu ». À l'exception de nos comptes en banque et de nos palmarès, nos histoires se ressemblent sur le fond.

Chapitre 2

DU PLAISIR À LA PRESSION : LORSQUE L'ENJEU TUE LE JEU

Le football est un jeu que je découvre dans la cour d'école sur un terrain en falun, un revêtement que les joueurs de moins de vingt ans ne peuvent pas connaître, l'ancêtre du stabilisé gris, bien avant les synthétiques. Je joue dans ce club depuis l'âge de neuf ans. J'ai débuté tardivement car mes parents ne voulaient pas m'inscrire en club de peur que les matchs le week-end ne m'éloignent de l'Église. Je viens d'une famille évangélique de première génération. Mes grands-parents maternels et paternels ne vont pas à l'église. Ils sont de tradition catholique non pratiquante : je n'ai aucun souvenir d'avoir vu mes grands-parents aller à une célébration de Pâques ou de Noël. Mes parents ont découvert l'Évangile dans leur vingtaine. Ma mère avait une tante qui habitait près d'Angers et qui lui a témoigné de sa foi chrétienne. Mon père, collègue de travail de ma mère, a découvert l'Évangile par son intermédiaire. Dans le milieu évangélique, la vie d'Église passe au-dessus de tout. Le slogan est « en dehors de l'Église point de salut ». Si on ne va pas à l'église, on ne peut pas devenir chrétien et on ne peut pas développer une vie spirituelle. Cela explique le réflexe protecteur de mes parents. Tout ce qui pourrait m'éloigner de l'Église est à bannir.

À force d'insister, mes parents acceptent que je rejoigne un club. Mon meilleur copain, Bastien, joue déjà en club depuis ses six ans et évolue au SCO d'Angers comme son grand frère Aurélien. Son père est entraîneur d'une équipe senior de district. Très rapidement je vais m'identifier à cette famille et passer beaucoup de temps avec eux. Je rêve du SCO d'Angers. Mais les entraînements sont loin et mes parents qui n'ont pas une grande culture sportive ne sont pas prêts à faire les navettes deux à trois fois par semaine entre les entraînements et les matchs du week-end. Ils ne me poussent pas pour que je passe les tests d'entrée au SCO. C'est un coup dur, j'aurais bien aimé tenter ma chance pour savoir ce que je vaux. Je signe finalement à l'AS Avrillé, dans ma ville et je peux aller aux entraînements à vélo. À cette époque, mon père m'accompagne et suit tous mes matchs.

Je me rappellerai toute ma vie de mon premier entraînement : je suis le petit nouveau, le groupe me teste. Je subis ma première pression collective. Les gars les plus forts me disent : « Si tu arrives à dribbler ce joueur, tu as ta place avec nous ! » Je ne me débine pas ! Je relève le défi haut la main ! Je ne regrette pas d'avoir signé ici ! C'est le début d'une longue aventure dans les équipes A, comme on dit ! A est synonyme de la meilleure équipe pour chaque catégorie d'âge. C'est le début de cette quête de performance, car l'équipe B est synonyme de ralentissement, d'échec, de valeur dégradée. Ce qui est au départ un jeu pour le plaisir fait place à la compétitivité !

Je m'en rends davantage compte à l'âge de douze ans lorsque Bastien me rejoint au club parce qu'il s'est fait « virer » du SCO d'Angers ! Très tôt je découvre la déception que provoque le football : il y a beaucoup d'appelés mais peu d'élus… Sans le savoir, tout cela me prépare pour l'avenir. Je fais mes gammes dans mon club local où j'évolue très jeune au plus haut niveau régional. Mes meilleurs souvenirs sont l'année de notre montée en National en 1997. Je suis en première année de minime, je joue occasionnellement avec l'équipe régionale. Mais cette saison-là, j'ai l'opportunité de jouer contre le club mythique de la région, le FC Nantes ! Je me rappelle en particulier d'un jeune que l'on appelle Shiva Star, né en 1983. Il est impressionnant physiquement, tellement développé musculairement : dans mon souvenir ses cuisses sont aussi volumineuses que mon corps de crevette de l'époque. Je suis pourtant né en 1982 ! Comment faire le poids face à un tel joueur ? Il vient de passer du SCO au FC Nantes, où l'année précédente il avait marqué ving-cinq buts en minime nationale à seulement quatorze ans. Normalement, il n'aurait pas dû jouer contre nous, mais avec l'équipe minime nationale du FC Nantes. Il me semble qu'il a eu des problèmes de comportement et qu'il a été sanctionné en jouant avec la réserve.

J'ai retrouvé une interview de ce qu'il partageait à l'époque : « À Angers, j'étais livré à moi-même. On entraînait un joueur qui devait rapporter, mais l'ado Shiva était seul[1]. » Les autres rentraient chez eux en

1. *Footgabon*, 1er novembre 2011, « Shiva Star Nzigou : Il était une fois un prodige du ballon rond » [en ligne].

fin de semaine. « Moi, j'errais en ville le samedi et le dimanche. Si je ne m'étais pas accroché au foot, cela aurait pu très mal tourner. Ce qui m'a aidé, c'est l'idée de ma responsabilité. Je ne pouvais pas décevoir mon père, ma mère. Je devais devenir professionnel et aider ma famille. C'était un stress permanent de me demander si j'allais y arriver. » Je le voyais fort, il était en réalité désorienté.

En tout cas, ce jour-là, notre équipe ne lui permet pas de briller. Nous nous quittons sur un 0 à 0, synonyme de victoire pour nous ! Vingt-cinq ans après, je me rappelle encore la magnifique pelouse sur laquelle nous avons joué. J'étais loin d'imaginer tout ce que cachait Shiva Star Nzigou ! Ni le coup de tonnerre médiatique qu'il allait déclencher vingt ans plus tard. Avec mes coéquipiers de l'époque, nous nous doutions qu'il était un « présu » ou un « trafiqué » comme on dit dans le langage du football, mais nous étions loin d'imaginer que sa situation était aussi obscure. Il avait bien trafiqué son âge de cinq ans ! Comment voulez-vous que l'on rivalise ? C'était une époque où, dans le football, on fermait les yeux sur ces choses-là. Cela explique en partie pourquoi à l'âge de seize ans, il fut appelé en équipe nationale du Gabon et deviendra le plus jeune joueur à marquer lors d'une Coupe d'Afrique des nations. Cela n'enlève rien à son talent de buteur mais ça le plaçait dans une situation de confiance au milieu des jeunes et créait l'effet de joueur « phénomène » qui attirait la convoitise de nombreux clubs. Finalement sa carrière a révélé que son niveau a plafonné chez les adultes. Plus triste que ses performances, c'est le chemin par où il a dû passer pour en arriver là : sorcellerie, inceste… En 2018, Shiva Star a refait parler de lui en dénonçant toutes ces choses car il avait découvert Celui qui met toutes choses à la Lumière ! Cette même Lumière qui viendra m'éclairer aussi : Jésus ! Adolescent, j'étais loin de penser à ma vie spirituelle et que nos chemins se croiseraient à nouveau dans le cadre d'un documentaire réalisé en 2022, *Ce n'était pas mental*, sur les dangers de l'occultisme chez les sportifs, avec notamment Marielle Amant, internationale française de basket-ball.

En classe de troisième, je continue mon ascension vers le haut niveau en jouant un tournoi européen en Allemagne. Il y a de gros clubs comme le Rapid de Vienne, le Borussia Mönchengladbach, Munich 1860… Contre le Rapid de Vienne, je marque un but de la tête aux dix-huit mètres sur un centre venant de la droite. Si je vous le raconte, c'est qu'aujourd'hui je ne sais toujours pas comment j'ai réussi à mettre un but de la tête de l'extérieur de la surface ! Cela ne m'est jamais arrivé depuis et reste un superbe souvenir, une belle fierté. Basile Boli m'avait sûrement inspiré par sa tête fracassante en 1993 contre le PSG, des dix-huit mètres, galvanisé par son succès en Coupe des Champions, quelques jours avant, contre le grand Milan AC !

Après mon but épique, avec mes coéquipiers nous signons nos premiers autographes à de jeunes et jolies Allemandes. La rançon de la gloire ! Le soir, avec le capitaine de mon équipe, je rentre dans ma famille d'accueil, une famille protestante luthérienne. C'est assez commun en Allemagne. En plus, le père est pasteur et nous avons droit à la prière avant le repas.

Cela m'offrira une opportunité de témoignage auprès de la famille de mon capitaine, car de son côté il avait été surpris de cette prière. Ma mère avait répondu autour d'un apéro :

– Joël n'a pas dû être surpris. Nous prions aussi à la maison et nous fréquentons aussi une église protestante évangélique.

Je ne cache pas que je ne savais pas trop comment mes amis allaient réagir. À l'époque les évangéliques étaient vus comme une secte. Cette petite graine semée fera que sept ans plus tard, la maman de mon capitaine participera à la cérémonie de mon mariage à l'église. Une fois de plus, j'étais loin d'imaginer tout cela. Car j'avais d'autres objectifs en tête que l'Église et Jésus.

À l'issue de cette première saison prometteuse en minime, mon entraîneur passé lui aussi par le SCO d'Angers, me convoque dans son bureau pour me dire qu'il compte sur moi pour le projet en national. J'en suis le premier surpris et aussi très honoré. Cela me donne des ailes. Je rêve du plus haut niveau. Finalement, pour des raisons financières, le club refuse notre montée en national. C'est l'ascenseur émotionnel ! Première désillusion…

À l'époque, il n'y a pas de préparateur mental pour nous aider à franchir certains paliers. Il est rare que les entraîneurs prennent du temps avec chaque joueur. C'est la motivation collective qui prime. Je n'ai personne pour me pousser à devenir meilleur, à développer une confiance en moi. Cependant, je sais au fond de moi que vivre du football est possible, soit avec un contrat fédéral (de national à régional), soit comme éducateur dans un club. Je réfléchis souvent à mon avenir dans le football. Depuis que j'ai quinze ans, j'entraîne les débutants du club. Je gravis les échelons comme entraîneur de jeunes. À dix-huit ans, j'ai déjà trois diplômes fédéraux en poche. Je mène mon équipe des benjamins jusqu'en finale régionale, ce qui me donne de la légitimité pour prendre en charge ma première équipe de football à 11, les moins de treize ans A. Je me prends rapidement au jeu de l'entraîneur, m'identifiant au mythique Guy Roux ! Je suis un entraîneur intransigeant qui veut chercher le meilleur de ses joueurs ! En réalité, je suis une personne blessée qui va devenir blessante pour motiver les autres. Dans le même temps, je continue mon parcours de joueur, oscillant entre l'équipe régionale et l'équipe district. Je joue le dimanche matin. Mon père ne peut plus venir me voir jouer. J'ai du mal à accepter qu'il préfère aller chaque dimanche à l'église avec ma mère et mon frère ! Je regrette que mes parents n'aient pas fait une exception une ou deux fois dans la saison. En cadets régional, nous expérimentons une mise au vert qui nous donne l'illusion d'être au même diapason qu'une équipe pro. Nous avons notre plus long déplacement en Vendée, à près de deux heures de route. Le coach et le président du club décident de nous faire partir la veille et louent un gîte pour toute l'équipe. L'objectif est de nous assurer une bonne nuit de sommeil en évitant un départ à 7 heures alors que notre match se joue le dimanche à 10 heures. Un nouveau joueur a intégré l'équipe en début de saison, Steve, qui vient d'un quartier sensible d'Angers. Le niveau de notre équipe et la passerelle qu'offre le club vers l'équipe senior attirent quelques joueurs des clubs environnants. Steve se différencie de la plupart de nous avec son corps taillé dans le marbre. Il maîtrise l'art de la musculation. Il a déjà basculé dans le monde des adultes. Pendant cette mise au vert, il se révèle être un grand blagueur et tente d'organiser une sortie nocturne avec une partie du groupe. Je ne suis pas dans sa chambre, je dors déjà paisiblement. Le lendemain, j'ai les échos au petit-déjeuner. Une partie des joueurs n'a quasiment pas dormi de la nuit. C'est un peu la colonie de vacances. Le match démarre, je ne suis pas titulaire. Notre équipe est malmenée, on ne fait pas surface, on est mené au score ! Le coach est agacé. Il décide de me faire entrer en deuxième mi-temps. J'ai la chance de jouer en milieu de terrain, je fais le pressing sur un joueur plus grand que moi et je vois qu'il veut jouer long donc je vais essayer de contrer sa frappe de balle mais par réflexe protecteur, je me tourne et finalement il feinte et conduit sa balle. Je me suis fait avoir. Mon coach me hurle dessus. Je suis le bouc émissaire qui prend pour les autres ! Une fois de plus, je prends un coup dans mon estime personnelle. La moindre erreur que je peux faire, on me tombe dessus ! Je me sens humilié et c'est dur de relever la tête. Nous perdons le match, le retour en voiture sera très long et silencieux. Je passerai mes nerfs à la maison.

Lors de ma première année en senior, je joue en équipe 3 avec une bande de copains. Notre entraîneur qui est aussi notre gardien de but crée l'alchimie entre nous. Il nous met à l'aise par son discours. Il nous communique de la confiance et son vécu de gardien à bon niveau nous sécurise. On écrase tout sur notre passage. Je prends du plaisir et je performe ! On finit champions de notre poule de district. De temps en temps, certains d'entre nous montent en équipe B pour jouer en régional mais à contrecœur. Il m'arrive d'être convoqué en PH (régional 3 aujourd'hui) et de rester sur le banc pendant 90 minutes sans un mot du coach ! J'ai du mal avec ce nouveau coach, on le voit plus comme un mercenaire, venu prendre son chèque, arrivé avec le nouveau coach de l'équipe première, un ancien joueur de Ligue 2 avec le SCO d'Angers. Émotionnellement, j'ai du mal à gérer. Je me sens humilié une fois de plus, rejeté. Mais à dix-huit ans, je m'écrase. Je dois accepter les règles de la concurrence. En fait, ce qui est pire que de ne pas jouer, c'est l'absence de dialogue de l'entraîneur. Je passe d'un entraîneur qui me donne de la confiance, d'une équipe hyper soudée, à une équipe réserve où personne n'est vraiment content d'être là car beaucoup sont frustrés de ne pas jouer en équipe première ! Malheureusement aujourd'hui, malgré toutes les avancées en matière de management et de leadership, les choses n'ont pas beaucoup changé dans les clubs amateurs et aussi dans beaucoup de clubs professionnels. Je l'ai expérimenté à vingt-huit ans en revenant jouer dans un club avec l'équipe première en DSR (R1), l'équipe B en PH (en R3) et l'équipe C en deuxième division district. Les mêmes mécanismes, l'équipe B c'est la galère alors que l'équipe C correspond à la bande d'amis qui prend du plaisir sur le terrain. Je recueille aussi de nombreux témoignages de sportifs de haut niveau qui me font part des difficultés relationnelles qu'ils rencontrent avec leur coach. J'essaye de leur offrir ce que je n'ai pas eu et qui m'aurait fait du bien. J'écoute et j'accueille leurs souffrances, les mêmes maux que j'ai subis quelques années auparavant. Je fais de mon mieux pour leur apporter mon soutien.

À cette époque-là, je gère très mal ces situations. J'éprouve de la haine mais je suis incapable de me rebeller, de me plaindre auprès du coach ! En revanche, je vais le faire subir à mes parents. Comme évoqué plus tôt, j'étais une personne blessée car en classe de seconde j'ai vécu un profond traumatisme à la suite d'un échec scolaire en mathématiques. Cette blessure va se répercuter sur mes performances sportives ainsi que sur mon mode de vie. J'ai beau travailler, je n'arrive pas toujours à assimiler le contenu des cours. Un jour, je rentre chez moi avec une très mauvaise note, je crois que c'était un 3/20. Je suis triste de mon résultat mais je sais pourtant les efforts que j'ai fournis. Je décide donc de partager cet échec avec ceux dont je suis censé recevoir le plus d'amour et de confiance. Mon père est encore au travail. Il est professeur de génie mécanique au lycée professionnel et il n'est pas rare qu'il ne rentre qu'à 20 heures. En l'attendant, je montre ma copie à ma mère qui me questionne et essaye de me rassurer. Mon père arrive enfin. Elle me prépare le terrain. Je l'attends dans ma chambre. L'entrée est fracassante ! Il élève la voix, en disant que je n'ai pas assez travaillé, que ce n'est pas normal. Puis il cherche mes explications, celles que je lui donne ne semblent pas le satisfaire. J'ai l'impression d'être un boxeur acculé dans son coin qui prend des coups sans pouvoir riposter. Je finis KO en larmes. Mon père a voulu tenter un électrochoc, il m'a perdu quasi à jamais ! Je quitte le monde de l'enfance pour celui des adultes, je serai dur au mal, je ne ferai plus confiance aux adultes, je ne partagerai plus mes faiblesses. J'ai été vulnérable, grand mal m'en a pris. Je ne veux plus parler à mon père, c'est le début d'une guerre que je vais lui mener ainsi qu'une distance avec ma mère car j'ai le sentiment d'avoir été trahi et abandonné. La confiance est rompue. Quelques jours plus tard, ma mère voit bien que je suis triste et distant. Je lui exprime ce que j'ai ressenti. Après un échange avec elle, mon père essaie de renouer le dialogue avec moi, de faire un pas vers moi. Mais je ne le trouve pas franc sur une demande de pardon explicite… je décline le dialogue. Je fais preuve de fierté ! Mon orgueil me frappe au visage. La guerre froide est déclarée… Je me mure dans le silence. Je décide qu'à partir de ce moment-là, je ne communiquerai plus aucun résultat scolaire à mes parents.

Je ne redoublerai aucune classe jusqu'à mon concours de professeur d'EPS. Ma résolution est claire et s'étend à tous les domaines de ma vie. Je ne partagerai plus aucun succès ou échec avec eux quel que soit le domaine. Je rentre dans un mutisme qui va exaspérer mon père. Il suffit qu'il me pose une question insistante dans le but de s'intéresser à moi, pour que je lui réponde : « Qu'est-ce que ça peut te foutre ! » Si en plus j'ai le malheur d'avoir perdu avec mon équipe, ça part en insultes ! Il m'est impossible d'avoir une conversation rationnelle et amicale. Je suis en colère et je n'ai personne pour m'aider à la canaliser. Mes parents semblent impuissants. Je dépasse les limites et ils ne me sanctionnent pas. Je vais construire une forteresse qui va mettre des années à être détruite. Le non-pardon vis-à-vis de mon père va me placer dans une prison mentale. Plus il veut s'intéresser à ma vie, plus cela m'éloigne de lui. Pour couronner le tout, mon club est lui aussi en crise humaine et financière : mon monde s'écroule. Je découvre les débuts du sport business et des petits arrangements entre amis dans le football. Mon club d'enfance évolue depuis de longues années en DSR, deux échelons au-dessous du national ! Ce club a du potentiel, l'objectif est de le faire monter en CFA2 (National 3). Le nouveau coach est un ancien joueur professionnel du SCO d'Angers. Il ne tarde pas à arriver avec des investisseurs. Mais ils veulent faire le ménage au club. En tant que jeune éducateur de dix-huit ans, je me rappelle avoir assisté à des réunions de gouvernance du club très tendues pour lesquelles je n'étais pas préparé. Je découvre un monde de requins. Au bout d'un an de tensions, des éducateurs chevronnés quittent le club. L'année suivante le coach ainsi que de nombreux joueurs emblématiques décident de quitter le navire. Le club connaît deux relégations de suite. Notre équipe fanion se retrouve en PH !

Un nouveau président arrive, un chef d'entreprise local. J'ai vingt ans, je me retrouve propulsé en équipe première de mon club. J'ai l'opportunité de briller mais dans un club en crise profonde. Je connais trois entraîneurs différents la même saison, dignes du Kita Circus pour les fans du FC Nantes. Notre équipe a une moyenne d'âge de moins de vingt-trois ans. On manque d'expérience et on descend en district. Nouvelle désillusion. Pire, nous devons assumer la honte de la descente du club de l'échelon régional.

Cependant, le président de mon club, voyant mon engagement fidèle, me propose le contrat auquel j'aspire depuis des années : être salarié du club et responsable de l'école de football. Le président fait tout pour me convaincre, me donne même l'occasion de continuer ma licence STAPS. Seul hic, je suis à l'université de Nantes, à une heure de route.

Alors que sur un plan personnel j'atteins certains objectifs, que la reconnaissance et le statut social auxquels j'aspire pointent le bout de leur nez, je découvre que cela ne me rendra pas heureux.

Après réflexion, je décide de décliner l'offre. Que s'est-il passé pour que je prenne cette décision ?

Chapitre 3

DU FOOT À LA FOI

> À quoi servirait-il à un homme
> de gagner le monde,
> s'il perdait son âme ?
> Jésus

Un dimanche après-midi ensoleillé du printemps 2000, je sors de mon match de senior, je viens de jouer 90 minutes en District. J'ai eu dix-huit ans en janvier, je passe mon bac en juin. Je me prépare à aller à l'université de Nantes, en STAPS pour devenir professeur d'EPS. J'ai de l'énergie à revendre. Un de mes meilleurs amis, Anthony, rencontré à l'église, m'a invité à jouer un match particulier. Avec les membres de l'église évangélique d'Angers, un match de football est organisé une fois par an contre l'église baptiste. Ce match intergénérationnel a lieu sur un des terrains de la Baumette, à côté du centre d'entraînement du SCO. En revanche, nous ne bénéficions pas d'un beau terrain en herbe fraîchement tondu mais d'un stabilisé en libre accès.

Le match est à 17 heures, après leur réunion de partage biblique de l'après-midi. Le football ne doit pas affecter le programme général de l'Église. Bien que je n'aie pas trop de relations avec mon père, il est toujours présent et disponible pour me conduire quand il y a besoin. Je découvrirai trop tardivement que l'un des langages de l'amour est de rendre service. De plus c'est pour la bonne cause, jouer sous le maillot de son Église. J'arrive un peu en sauveur de l'équipe car le niveau est très hétérogène. Je suis l'un des rares joueurs à avoir une expérience en club. Mais l'enjeu est bien palpable. Je ressens une forme de rivalité dans l'atmosphère. Cela me surprend et me fait sourire de voir des gens d'Église aussi excités. Le match a déjà commencé depuis trente minutes quand j'arrive. On me donne une chasuble, je rentre en jeu directement. Pas besoin de m'échauffer, j'en ai encore sous la semelle. Notre équipe obtient un penalty. On me demande de le tirer. Dans mon équipe de club, je ne suis pas le tireur attitré. Tirer un penalty, c'est assumer une forme de pression. Je prends le ballon. Un coup d'œil à droite pour tromper le gardien. Je prends mon élan et j'envoie le ballon à gauche en pleine lucarne. L'essentiel est assuré. Je m'amuse sur le terrain. J'ai plus de liberté qu'en club. Le niveau étant plus faible, je touche beaucoup plus de ballons. C'est une parenthèse enchantée. Je ne me rappelle plus le score final mais je me souviens de l'ambiance au bord du terrain, et de Bernard, le pasteur baptiste qui harangue son équipe. Après le match, je fais la rencontre de Neil, un Anglais, qui joue avec les baptistes. Il est à l'initiative de ce match. Il cherche à développer les liens fraternels entre les différentes Églises d'Angers. Chaque été il invite une équipe de football anglaise : « Christians in Football » pour une tournée de matchs avec des clubs de la région.

À cette période-là, je fréquente rarement l'église le dimanche. Il m'arrive d'y aller le samedi soir pour passer du temps avec des amis comme Anthony. Nous sommes une bande d'ados qui se cherchent et traînent de temps en temps ensemble. Nous n'avons pas un grand intérêt pour Jésus.

Le sens profond de la vie que je croyais trouver dans le football ne me satisfait pas. Je ne suis pas heureux bien que j'aie une très bonne hygiène de vie liée à mon éducation mais aussi à mes objectifs sportifs : je ne fume pas, je ne me drogue pas, je ne bois pas à l'excès, je ne couche pas avec des filles.

Je me pose beaucoup de questions sur le but de la vie. J'ai peur de la mort et il m'arrive d'avoir du mal à dormir certains soirs, torturé par des questionnements sur l'éternité.

L'été de mon bac obtenu sans mention, j'intègre le pôle STAPS de l'université à Nantes. Avant ce changement de vie, je pars en semi-vacances avec Anthony pour travailler comme vendeur de glaces pendant six semaines dans le secteur de La Baule. Notre bande d'ados de l'église nous rejoint au cours de l'été. Nous sommes plusieurs à avoir dix-huit ans. Après quelques jours passés avec eux, je me rends compte que certains de mes amis censés être chrétiens ne semblent pas plus heureux que moi. Au plus profond de mon mal-être, meurtri par la blessure non cicatrisée vécue en classe de seconde, je décide d'arrêter de me prendre la tête, de lâcher prise en buvant plus que de raison. L'alcool a cette capacité de me désinhiber et de me rendre confiant quant à la possibilité d'une conquête d'un soir. Au cœur de mes insécurités intérieures, je recherche de l'affection. Lors de cette soirée sur une plage ambiancée par la musique assourdissante, je rencontre une jeune fille, aussi désorientée que moi, qui cherche aussi l'amour ; ce que je ne pourrai lui offrir ! Nous faisons connaissance et quittons le groupe pour nous retrouver seuls dans un terrain vague, proche de sa maison de vacances. Ce que je m'apprête à vous livrer est l'un des moments où j'ai éprouvé le plus de honte dans ma vie. J'ai eu l'occasion de le partager à des milliers de collégiens et de lycéens lors de conférences. Comme j'aime leur dire :

– Ce soir-là on a fait nos affaires et je suis parti pleurer sur ma vie !

Je n'ai pas besoin de rentrer dans les détails pour que la jeune assistance rigole, comme signe manifeste d'un malaise.

Du fait de mon éducation familiale et religieuse, la virginité est importante jusqu'au mariage. Dans ma famille ça reste un sujet tabou, nous ne parlons pas de sexualité. Bien que je ne me considère pas comme chrétien à l'époque, je respecte ce commandement, cette forme de mise en garde ou d'interdit. C'est sûrement pour cela que je n'ai jamais eu de préservatifs sur moi, pour éviter d'avoir à m'en servir… Ce soir, je n'en avais donc pas, elle non plus ! Hors de question de prendre un risque, je n'ai pas prévu de devenir père si jeune, ni d'attraper une MST. Nous en resterons aux préliminaires. Nos affaires terminées, un profond sentiment de honte m'envahit. Je viens de vivre ma première expérience intime avec une inconnue ! Qu'est-ce que je viens de faire ? J'échange avec celle dont je ne connais pas le prénom, je m'excuse auprès d'elle, de ce que l'on vient de vivre. Elle m'explique qu'elle-même se dégoûte de passer de garçon en garçon… Je réalise à ce moment que j'aurais pu contracter une maladie par nos négligences. Je la laisse rentrer chez elle, je suis seul, mes amis sont restés sur le lieu de la fête. Je suis seul, et je pleure ! Je pleure de honte, rempli de culpabilité ! Je décide de m'en remettre au Ciel ! C'est un véritable cri du cœur ! Si Dieu existe, j'ai besoin de son pardon et de son intervention. J'en ai marre de détruire ma vie et celle des autres ! Je redoute que ce genre de choses se reproduise régulièrement à l'université les jeudis avec les fameuses soirées « tonus » chères aux étudiants de STAPS. Il aura fallu cette beuverie pour que je réalise que je suis profondément mauvais, un pauvre pêcheur. En larmes, j'ai crié les mots suivants :

– Dieu je ne sais pas si Tu existes comme mes parents me l'ont dit, mais si c'est le cas j'ai besoin de Ton aide, j'ai besoin de Ton pardon. Je ne veux pas gâcher ma vie et faire du mal à d'autres personnes. Viens à mon secours !

Seul, loin de Dieu, et en dehors d'un bâtiment d'église, ma destinée a été littéralement changée par cette prière faite avec authenticité. À partir de mes dix-huit ans, je commence une aventure avec ce Dieu méconnu auquel j'ai crié et qui va se révéler au fur et à mesure comme étant le Christ. À l'issue de cet été, je transite chez mes parents avant de m'installer dans ma cité universitaire du CROUS à Nantes. Un nouveau départ, une nouvelle vie s'ouvre à moi dans cette pièce de neuf mètres carrés. Ma mère m'offre une éphéméride avec des versets bibliques ainsi qu'un Nouveau Testament, que je vais commencer à lire, notamment les évangiles. Plus je lis, plus je découvre Jésus. Je suis interpellé par sa compassion pour les perdus comme moi, ceux qui vivent sous le poids de l'échec, de la honte, de la culpabilité. Au fur et à mesure de mes lectures, je me laisse aimer et pardonner par lui. Pendant mes deux premières années universitaires, je passe la plupart de mes soirées à lire les évangiles et à prier. Je ne souhaite pas retomber dans les mêmes tentations qu'au cours de ce fameux été. Dieu travaille mon cœur jusqu'à ce jour où dans le centre des Térébinthes près du Mans, je capitule, je décide de tout lui abandonner, je suis saisi par l'Esprit Saint avec une telle intensité, je peux parler d'un rendez-vous divin. Cela s'est produit lors de la prédication du pasteur Philippe Dugard, basée sur le récit biblique de David et Goliath (1 Samuel, chapitre 17). Dans mon for intérieur, je suis convaincu que le géant de ma vie c'est le football. Il est devenu une idole qui m'empêche de rentrer pleinement dans ma terre promise, une vie où coulent le lait et le miel. Je réalise pleinement le prix que Christ a payé pour que je sois libre. Je suis prêt à tout lâcher pour le suivre. Voilà pourquoi à la suite de ce rendez-vous divin j'ai décliné la proposition de contrat de mon président pour diriger l'école de football.

Car je viens de signer un autre contrat de plus longue durée, avec un autre président qui me signe un chèque en blanc ! Je signe au Trinité Football Club : mon président s'appelle Dieu le Père, son directeur sportif est son fils, le Christ, et son adjoint l'Esprit Saint ! Je suis bien encadré. Je passe de l'équipe des ténèbres à celle de la lumière.

Je suis loin d'imaginer que le jour de ma décision d'arrêter le football, Dieu avait déjà prévu un plan plus grand que mon seul club local ! Son plan a démarré malgré moi dès la sortie de ce rendez-vous divin. Je me souviens de mon ami Anthony m'annonçant une bonne nouvelle :

– Joël, j'ai fait la rencontre de Laurent, le percussionniste. Il fait partie d'une association Sport et Foi et il a une équipe de football chrétienne. C'est génial comme concept pour partager notre foi. Il faut que tu le rencontres.

– Merci Anthony. Mais là je viens de prendre la décision d'arrêter le foot pour suivre Christ. Ce n'est pas pour moi.

Anthony, qui deviendra mon témoin de mariage en 2005, ne s'est pas laissé désarmer par mon refus. Il a pris les coordonnées de Laurent.

Après ce week-end avec des jeunes de plusieurs églises du Val de Loire, il me faut finir la saison avec mon club. Il ne reste plus que quelques matchs qu'il est important que j'honore. La décision que j'ai prise de suivre Christ n'implique pas que j'abandonne mes coéquipiers. Mais à l'issue de notre saison difficile en PH, nous serons plusieurs à tourner la page. Nous avons failli à notre mission de sauver le club d'une relégation en district, mais nous restons soudés. La plupart de mes coéquipiers sont ceux qui m'avaient testé lors de mon premier entraînement à neuf ans. Il nous reste quelques matchs à savourer ensemble dont ce derby contre Angers SCO, la troisième équipe. Nous sommes remontés à bloc, nous voulons finir sur une bonne note. Mon expérience avec Christ m'a libéré. J'ai confiance. J'ai en face de moi un défenseur rugueux, nos duels sont intenses. Il va falloir que je sois plus rapide. Il aime me mettre des « coups de physique » pour m'impressionner. Ce n'est pas mon style de jeu. Mais à force de provocation… je craque. Sur un débordement sur mon côté gauche de prédilection, il arrive pour me tacler sévèrement. Je saute pour l'éviter mais volontairement en retombant, je fais une « Zidane contre l'Arabie Saoudite », je laisse traîner les crampons sur sa cuisse ! Je suis tellement intelligent que la scène se passe juste devant le banc du SCO. Je me fais incendier. Je m'écarte, conscient de mon erreur. Je n'en mène pas large. Je suis censé annoncer à mes coéquipiers que j'arrête dans deux matchs pour suivre celui qui incarne l'amour du prochain. Et je suis coupable d'un geste anti-sportif !

Ma reconversion démarre mal. Cette belle leçon d'humilité me rappelle qu'être chrétien, ce n'est pas être parfait mais bien suivre Celui qui est parfait. À travers mes lectures des Évangiles, je découvre qu'un des amis de Jésus, Pierre, a eu des réactions excessives et l'a même trahi. Cela m'a donné de l'espoir. Je suis en chemin, je commettrai des erreurs, mais Christ, dans son amour, me tend la main pour changer. J'expérimente le pardon divin.

À l'issue de cette saison, c'est l'heure des au revoir avec mes coéquipiers. Nous décidons de fêter cela. Nous nous retrouvons à une petite dizaine chez l'un des joueurs. L'alcool et les pétards sont de la partie. Je fais attention. Je découvre mes coéquipiers sous un autre aspect. À l'intérieur, je brûle d'envie de leur parler de Jésus. Comment le faire ?

Vers minuit, plutôt que d'aller en boîte de nuit où nous avons de grandes chances d'être recalés, Florian lance l'idée d'aller faire un futsal au gymnase du club. Ils ont fait cela le vendredi précédent. Le gardien avait oublié de fermer la porte et ils avaient joué jusqu'à trois heures du matin. Nous partons à l'aventure. Cette fois-ci le gymnase est fermé. Nous rebroussons chemin en errant dans le quartier, lorsqu'une voiture fonce dans notre direction. Plusieurs hommes imposants sortent de la voiture en pointant une lumière vers nous.

– Bonsoir, c'est la BAC. Que faites-vous dehors ?

Je vois les autres s'agiter en vidant leurs poches. Les policiers procèdent à des fouilles. Je suis impressionné mais je reste serein, je n'ai rien à me reprocher. À ce moment-là, je n'ai pas conscience de l'enjeu pour mes amis.

Les policiers éclairent autour de nous et découvrent des sachets d'herbe et des boulettes de résine de cannabis. Un de nos amis finit en garde à vue. Notre soirée d'au revoir est gâchée. Je ne reverrai plus mes coéquipiers après cette soirée, à l'exception de Clément, mon assistant coach, à qui je pourrai témoigner brièvement de ma foi. Je suis partagé entre l'idée de quitter mon club quand je vois le désespoir qui les habite et l'idée excitante de découvrir une nouvelle vie. En même temps, si l'absence de performance sportive va ramener du calme dans mon foyer, je sais que le chemin sera long pour reconstruire la relation avec mes parents. Je leur apprends par bribes que j'arrête le football en club à la fin de ma deuxième année de licence Éducation et Motricité. C'est un choix risqué car en 3e année, ma spécialité pour préparer le concours de prof d'EPS c'est le football. Avec mes parents, je ne rentre pas dans les détails de mes choix, ni sur ce que j'ai vécu avec Dieu, ni sur cette dernière soirée mouvementée. Je reste secret. Cela va me faire bizarre d'avoir des week-ends entiers sans compétitions comme entraîneur ou comme joueur. J'ai du temps pour aller à l'église et apprendre à mieux comprendre la Bible.

Entre-temps, Anthony est entré en contact avec Sport et Foi. Il m'a relancé pour venir participer à nouveau à un match entre Églises. Je rechausse les crampons dans un match dans lequel je ne prends pas de plaisir car la tension a gâché la fête. Un jeune adulte de l'Église baptiste a subi un tacle rugueux d'un trentenaire de l'Église évangélique. En retombant, le joueur s'est cassé le bras. Anthony me demande d'aider l'équipe à se structurer. Il veut que j'en sois le coach. Je refuse mais je lui propose autre chose que je crois que Dieu m'a mis sur le cœur :

– Arrêtons ces rivalités de clochers, et jouons sous le même maillot pour manifester la bonne nouvelle de l'amour de Dieu autour de nous. Le projet s'appellera « Foot pour Christ ».

Mes motivations ont changé. Il n'est plus question de gagner à n'importe quel prix un match mais de me laisser gagner par le message d'amour, de paix et d'espérance du Christ.

J'étais loin d'imaginer en prenant les rênes de cette équipe atypique que j'allais démarrer un long chemin de formation des caractères, en commençant par le mien. J'ai découvert l'amour inconditionnel de Dieu. J'ai découvert l'amour du Père parfait. J'ai découvert que si j'avais été pardonné, c'était pour pardonner à mon tour. Cela a été la leçon la plus longue et la plus dure de mes premières années de chrétien par rapport à mon propre père. Dieu ne m'a pas laissé seul dans ce chemin et m'a montré l'importance de l'Église en tant que communauté de croyants. C'est ainsi qu'Il a mis à mes côtés un mentor, Cissé Baratté, footballeur professionnel au SCO d'Angers en Ligue 2. Il a été de grand conseil pour ma foi naissante. Son témoignage de vie était bouleversant. À partir de leur conversion avec sa campagne Patricia, et jusqu'à leur mariage, ils se sont abstenus de relations sexuelles. Comme le ballon d'or Ricardo Kakà[1], ils étaient heureux de suivre les prescriptions de Dieu car ils savaient que c'était pour leur bien. Dieu a aussi pourvu à me donner une magnifique partenaire, Emily, une jeune étudiante anglaise, fréquentant l'Église baptiste. Elle m'a ouvert les yeux sur beaucoup de mes dysfonctionnements familiaux. Elle est depuis 2005 mon épouse, celle qui partage mes joies et mes peines au quotidien. À ses côtés, j'ai appris à expérimenter le véritable amour au sein d'un couple et d'une famille. Moi, l'enfant qui faisait le mur pour ne pas me rendre au culte dominical, je suis devenu pasteur d'une église à Rennes. L'homme à l'aventure d'un soir est devenu un mari fidèle depuis 2005 et le père

1. « Ma femme et moi nous sommes mariés vierges en vertu des valeurs bibliques », Ricardo Kakà dans le documentaire *Jésus Football Club* sur Canal+, extrait de « The Prize ». Pour l'anecdote, c'est moi qui gérais les droits de ce DVD pour la France et qui les ai offerts au journaliste Raphaël Domenach en échange d'autres images de basket pour le documentaire *Au-delà des épreuves* que j'ai co-réalisé en 2013.

de quatre enfants qui allient la foi chrétienne avec leur don pour le sport. Notre aîné, Liam, rêve de devenir footballeur professionnel et sa sœur cadette, Evy, danseuse étoile. Je leur apprends à remettre le rêve dans la prière et à faire confiance à Dieu. Car ses plans sont meilleurs que les nôtres.

Je rêvais d'être entraîneur de football et professeur d'EPS. Mon père voulait que je sois professeur pour m'assurer une sécurité de l'emploi. Mais, en 2004, dans un dépouillement total et une confiance sans faille, j'ai tout quitté pour suivre un autre chemin, une autre voix : l'appel de Christ a changé tous mes plans. « Viens et suis-moi[1] » résonne encore dans mon cœur. J'ai mis ma confiance à 100 % dans cette parole de Jésus. Je l'ai placée au-dessus des attentes de ma famille et de ma propre épouse. Elle pensait épouser un professeur d'EPS. Son père étant pasteur, elle ne souhaitait pas vivre cette vie inconfortable où elle avait connu les galères. Alors quand je lui ai annoncé ce changement radical, elle a ri et m'a fait part de sa prière à Dieu. « Dieu, donne-moi un mari qui ne soit pas pasteur. » Par amour pour Dieu et pour moi, elle a réalisé que nos désirs ne sont pas toujours ceux de Dieu. Nous pouvons témoigner de la fidélité de Dieu dans nos finances depuis 2004. Ainsi, en 2009, quand notre budget était plus que serré, j'avais renoncé à acheter de la salade qui est pourtant l'un de mes légumes favoris. Un jour, un ami sonna à l'improviste : « Bonjour Joël, je passe juste

1. Matthieu, chapitre 19, verset 21.

saluer ma tante dans le quartier mais j'avais à cœur de vous offrir ces deux salades. »

Au-delà de toute attente, j'ai expérimenté la providence de Dieu dans les moindres détails.

L'appel à suivre le Christ a été plus fort que tout, ma réorientation était une évidence. Tout ce que j'avais acquis comme connaissances et compétences ne serait pas perdu. Je suis tellement enthousiaste et motivé par cette nouvelle aventure avec Christ que la question de l'argent est secondaire. En octobre 2005, Emily est en licence de littérature quand nous nous marions. Nous vivons dans un F3 du quartier populaire de Belle-Beille à Angers avec seulement 1 000 € par mois ainsi que la bourse étudiante de mon épouse ! Comme dirait mon père, nous vivons d'amour, d'eau fraîche et d'un abonnement à Canal+ afin que mon épouse puisse honorer ses promesses de mariage : elle m'avait promis de soutenir l'OM, mon club de cœur. Quant à moi je lui avais promis de laver régulièrement la vaisselle…

Je n'ai pas de goût pour les voitures de luxe. J'ai réussi à séduire Emily à bord d'une Ford fiesta trois portes. Je sais qu'elle ne m'a pas choisi pour ma voiture, contrairement à certains footballeurs professionnels qui me confient leur crainte de s'engager dans une relation avec quelqu'un à cause de ce qu'ils possèdent et non pour ce qu'ils sont.

Pour nous, c'est l'inverse, nous traversons au cours de notre première année de mariage une vague de bienveillance à notre égard. Mais le plan va se compliquer lorsque, pour les besoins du ministère dans le cadre de ma formation, l'association nationale pour laquelle je travaille nous demande de quitter Angers pour aller à Lyon.

Pour autant, suite à ce nouveau bouleversement qui nous a fait quitter ce qui nous restait de « zone de confort », j'ai pu utiliser mes talents et mes compétences pour entraîner des joueurs de football en Afrique du Sud, en Suisse, au Burkina Faso, au Cameroun, en Tunisie, en Angleterre, en Allemagne mais bien plus que cela, leur communiquer un message d'Espérance. J'ai pu animer quelques séances d'EPS dans des établissements privés en y alliant mes valeurs et ma foi. À partir de 2013, j'ai découvert le rôle d'aumônier du sport pour lequel je me suis formé en Angleterre. L'humour de Dieu fait qu'aujourd'hui, je conseille de grands sportifs sur leur santé mentale et que j'accompagne aussi spirituellement des champions olympiques et des champions du monde, hommes et femmes, à entrer avec humilité par la petite porte de l'Église[1] et à vivre pleinement leur passion pour le sport avec des motivations qui honorent Dieu !

1. Matthieu, chapitre 7, versets 13-14 : « Entrez par la porte étroite. Car large est la porte, spacieux est le chemin qui mènent à la perdition, et il y en a beaucoup qui entrent par là. Mais étroite est la porte, resserré le chemin qui mènent à la vie, et il y en a peu qui les trouvent. »

Chapitre 4

LE SPORT ET LA FOI SONT-ILS COMPATIBLES ?

Anima Sana In Corpore Sano[1]

Juvénal, poète satirique romain
de la fin du premier siècle

L'esprit de compétition est-il chrétien ? C'est la question que pose Laurence Faure pour le journal *La Vie* du 10 juin 2016. Mais aussi Aymeric Pourbaix sur Cnews dans l'émission « En quête d'esprit », en juin 2021, « La foi a-t-elle sa place dans le sport de haut niveau ? ». « Le foot et la religion sont-ils compatibles ? » demande à son tour Gilbert Gribois pour After Foot – RMC Sport le 7 juin 2022, et la revue *After* de juin 2002 titre « Le foot et la religion, liaisons dangereuses ? »

Voici ce qu'on me demande régulièrement en tant qu'expert de la question, que ce soient des médias séculiers ou d'obédience chrétienne ou tout simplement le commun des mortels.

1. Un esprit sain dans un corps sain.

L'environnement autour du sport business amène son lot de tentations et interroge.

« Certains te disent que ça (la foi) leur apporte une certaine stabilité par rapport à leur vie privée, une forme de sérénité intérieure, presque une hygiène de vie[1] » explique Nicolas Vilas, auteur du livre *Dieu Football Club*.

J'avoue qu'aimant la compétition sportive, je suis toujours surpris par le type de question qui oppose l'esprit de compétition et le christianisme. Il m'a fallu faire un chemin de contextualisation au regard de l'héritage chrétien de la France. Car il faut dire que l'Église primitive a un lourd passif avec le sport à commencer par les jeux antiques et les Jeux olympiques. Sous Néron, les jeux du cirque mêlaient courses de chars, combats de gladiateurs et supplices de chrétiens.

En fonction du milieu ecclésial d'où l'on vient, la question du sport n'apporte pas les mêmes réponses. Dans les milieux catholiques, j'ai constaté que la problématique tournait davantage autour de l'amour du prochain. Comment un véritable chrétien pourrait-il vouloir gagner contre quelqu'un d'autre ? Il est effectivement judicieux de se poser cette question au regard des paroles de l'Apôtre Paul : « Ne faites rien par esprit de rivalité ou par désir d'une gloire sans valeur, mais avec humilité considérez les autres comme supérieurs à vous-mêmes[2]. »

---

1. *Nouvel Obs*, 21 mai 2018, « Le foot et la foi : quand la religion porte le ballon » [en ligne].
2. Philippiens, chapitre 2, verset 3.

Dans les Églises adventistes, liées au protestantisme, l'activité physique est encouragée dans une perspective de bien-être et de santé, au regard d'enseignements bibliques comme ceux de l'Apôtre Jean : « Cher ami, je souhaite que tu prospères à tous égards et que tu sois en aussi bonne santé physique que spirituelle[1] ». Mais la nécessité d'observer le sabbat (du vendredi soir au samedi soir) complique l'accès à la pratique sportive dans ce milieu[2].

Dans les Églises évangéliques, j'ai constaté que la problématique tournait aussi autour de la question du sport le dimanche, « le jour du Seigneur ». Le sport éloigne les gens de Dieu. Il faut aussi s'extraire d'un monde gouverné par le mal, là où règnent la tricherie et les mauvaises fréquentations : il y a des enjeux éthiques. C'est dans cet objectif que l'Apôtre Paul dit au jeune Timothée : « Exerce-toi à la piété ; car l'exercice corporel est utile à peu de chose, tandis que la piété est utile à tout, ayant la promesse de la vie présente et de celle qui est à venir[3] ». On peut encore citer le texte biblique suivant : « Sortez du milieu d'eux et séparez-vous, dit le Seigneur ; ne touchez pas à ce qui est impur et je vous accueillerai[4]. »

La défiance vis-à-vis de la pratique sportive pourrait alors sembler justifiée.

---

1. 3 Jean, chapitre 2.
2. http://www.adventiste-gp.org, 26 janvier 2016, « Brésil : Un gardien de but étonne le milieu sportif en refusant de jouer le Sabbat ».
3. 1 Timothée, chapitre 4, verset 7-8.
4. 2 Corinthiens, chapitre 6, verset 17, repris d'Esaïe 52 et Ézéchiel 20.

Dans chacune de ces visions du sport, la conclusion est la même : la pratique du sport peut pousser à faire du mal autour de soi et à soi-même ! Le sport peut devenir une idole. Comme l'a dit Novatien, au IIIe siècle : « L'idolâtrie est la mère de tous les jeux ». Je l'ai expérimenté de plein fouet lorsque j'ai réalisé à vingt ans que le sport était devenu plus grand que ce qu'il aurait dû être dans ma vie.

Le problème est que l'on m'avait fait comprendre qu'il fallait choisir entre le sport et l'Église. Et au cours de mes dix-sept années de ministère, j'ai recueilli de nombreux témoignages de sportifs brisés et incompris par l'Église.

René Pichon, champion de Rhône-Alpes sur 5000 et 10000 mètres, et devenu prêtre catholique en 1971 ne dit pas autre chose : « On me disait l'Évangile c'est la simplicité, l'humilité, la pauvreté, or pour faire du sport, il faut être ambitieux, voire orgueilleux car on le sait : l'orgueil du champion fait souvent la différence ! ou encore : le sport c'est le corps, la spiritualité c'est l'âme. Le corps c'est la pesanteur, la prison de l'âme, il faut oublier son corps ». Il conclut : « Heureusement, quand je suis rentré au séminaire le vent de liberté des années 68 soufflait déjà ! Bien d'autres problèmes travaillaient la société et même l'Église, le match de ma vie ne soulevait plus de polémique et j'ai donc continué mon va-et-vient entre le monde spirituel et le monde sportif. Qui allait l'emporter ?[1] »

---

1. Extrait du livre de René Pichon, *L'âme du sport et le sport de l'âme : Sport et Spiritualité*, éditions La Bruyère, 2015.

Jusqu'au début des années 2010, j'ai rarement entendu l'Église parler de sport ou d'activité physique de manière positive.

C'est à partir des années 1970 que le regard change aux États-Unis et difficilement à partir des années 2000 en France. On voit l'intérêt du sport dans la formation du caractère. L'Église s'est aussi davantage intéressée au sport quand elle y a vu un outil de propagande en mettant en avant des grands sportifs chrétiens. Il y a eu en quelque sorte une instrumentalisation du sport. Ce fut le cas avec l'équipe du Brésil en 2002, championne du monde de football au Japon où des joueurs, dont le Lyonnais Edmilson, ont célébré Jésus en arborant des tee-shirts « Jesus I love you ».

Le sport devenait intéressant pour l'Église car il donnait une forme de légitimité de la foi dans la société. En France, Olivier Giroud en est le parfait exemple : il est devenu une sorte d'égérie que toute l'Église veut s'arracher. Olivier a eu le pouvoir d'unir les catholiques, les protestants et les évangéliques. Il est devenu une sorte d'égérie de l'Église moderne. Seul problème, Olivier est novice dans la foi lorsqu'il commence à en parler, mais peu importe la profondeur de son parcours spirituel tant qu'il parle de Jésus, c'est génial. Finalement, l'Église ne reproduit-elle pas une forme d'idolâtrie qu'elle a tant combattue à ses débuts ?

En 2007, j'ai été convié à un événement dans une église évangélique de la périphérie lyonnaise. Les pasteurs avaient réussi à faire venir Claudio Caçapa, défenseur brésilien de l'Olympique Lyonnais. Il avait témoigné de manière authentique, simple mais décousue de son parcours de foi, et notamment du miracle de la naissance de son unique enfant. Un de ses coéquipiers, l'attaquant Fred, était présent comme simple auditeur, invité par son ami. À l'issue du témoignage, sous la pression d'un des pasteurs, Fred a été invité à monter sur l'estrade pour saluer la foule en délire. La salle était bondée pour un dimanche après-midi. Le pasteur a insisté pour que Fred donne un mot de témoignage. Il n'était pas chrétien mais en recherche spirituelle. Son discours s'est limité à une simple phrase : « Je remercie Claudio pour ce beau témoignage, j'espère qu'un jour je pourrais donner le même. » Ce qui a provoqué l'hystérie dans l'assistance. À l'issue de la réunion, les deux footballeurs ont dû être exfiltrés par des gardes du corps pour éviter l'émeute. L'idolâtrie avait rempli l'église.

L'Église semble aimer le sport lorsque les sportifs la rendent populaire. Mais que pense-t-elle réellement du corps ?

Au cours de mes presque vingt ans de ministère auprès des sportifs, j'ai mené mon enquête.

De nombreux sportifs connaissent l'adage « un esprit sain dans un corps sain » qui sous-entend que le sport participerait autant au bien-être physique que mental.

Cet adage ne semble pas être apprécié de tous dans l'Église. Le dualisme qui existait déjà chez les Grecs et que l'Apôtre Paul combattait (voir les lettres aux Corinthiens) semble perdurer dans certaines pensées. Ce dualisme grec, développé notamment par Platon, est l'idée selon laquelle l'esprit ou la raison sont fondamentalement bons, et que la matière est fondamentalement mauvaise. La matière et le corps sont considérés comme des réalités mauvaises dont il faut s'échapper, s'extirper, pour mener une vie pure. Le corps serait une prison qui nous opprime, nous réduit, une pesanteur qui nous attire vers le bas. Pourtant, la pensée de Dieu n'est pas celle-là. Dans le livre de la Genèse au chapitre 1, on peut lire que « Dieu créa l'homme à son image [...] Dieu regarda tout ce qu'il avait fait, et il constata que c'était très bon. » Puis dans la première épître de Paul aux Corinthiens au chapitre 7, verset 17 : « Par ailleurs, que chacun vive selon la part que le Seigneur lui a attribuée, selon l'appel qu'il a reçu de Dieu. C'est ce que je prescris dans toutes les églises. » Dans mon cheminement de réconciliation entre ma pratique sportive et ma relation avec Dieu, j'ai été touché par le film *Les chariots de feu*, dans lequel on voit l'acteur jouant Eric Liddell (ancien champion olympique puis missionnaire en Chine) courir et affirmer : « Dieu m'a créé pour une bonne raison, Il m'a fait aussi rapide et quand je cours, je sens que je fais plaisir à Dieu ». Le footballeur et ballon d'or 2007 Ricardo Kakà a partagé la même pensée : « Je joue au foot parce que Dieu m'en a donné le don et Il mène son don à sa maturité dans ma vie. » Si Dieu est vraiment créateur de toutes choses, alors c'est Dieu qui donne à Karim Benzema son habileté à dribbler ses adversaires. Un saut périlleux effectué par un gymnaste, tout comme n'importe quelle autre activité humaine licite, peut plaire à Dieu, dans la mesure où Dieu prend plaisir dans ce qu'Il a créé. Je devais donc me séparer de l'idée que le sport serait incompatible avec ma foi. À cause de l'influence du platonisme et du gnosticisme, les croyants ont parfois associé ce qui est sacré à ce qui est pur et ce qui est profane à ce qui est impur. C'est ainsi que la pratique sportive a pu être considérée comme néfaste. Mais dans la Bible, tout ce que Dieu fait est pur, que cela relève de la sphère du profane ou celle du sacré. Le principe biblique qui induit la compréhension chrétienne à ce propos est celui-ci : « Tout est pur pour ceux qui sont purs ; mais rien n'est pur pour ceux qui sont souillés et incrédules, leur intelligence et leur conscience sont souillées[1]. » Ainsi Dieu nous invite à prendre soin de nos corps et à en faire bon usage, car le corps n'est pas en soi un problème. Ce qui compte est plutôt ce que l'on fait avec, et les motivations du cœur qui accompagnent nos activités : « Ne mettez plus vos membres au service du péché comme des instruments de l'injustice, mais au contraire livrez-vous vous-mêmes à Dieu comme des morts revenus à la vie et mettez vos membres à son service comme des instruments de la justice[2]. » Dans ce sens, il devient légitime pour des sportifs de voir leur pratique comme une louange à Dieu.

Lorsque l'on parle du corps nous ne pouvons nier la réalité de la sexualité.

Au vu du nombre de scandales sexuels chez les sportifs, ou de leur vie parfois débridée, il semble qu'ils soient nombreux, croyants et non-croyants à adopter une conception dévoyée de la sexualité.

Dans le magazine *So Foot* du mois d'avril 2018, Ludovic Obraniak, ancien joueur de Lille et de Bordeaux,

1. Tite, chapitre 1, verset 15.
2. Romains, chapitre 6, verset 13.

raconte comment la religion lui a permis de tourner la page d'un passé de « coureur de jupons » et d'échapper aux avances des « michetonneuses » ou « starfuckeuses » comme il les nomme. « Cela peut paraître ringard, mais c'est notre foi en Dieu, l'écoute, la confiance, le partage, l'entraide, l'acceptation des défauts de l'autre, qui ont été les clés de la construction de notre famille », dit-il à propos de son épouse[1].

Comme les chrétiens de Corinthe à l'époque de saint Paul qui niaient la résurrection du corps et n'attendaient que la « libération » de leur enveloppe charnelle pour entrer dans la gloire du monde spirituel, aujourd'hui encore certaines personnes considèrent le corps comme un lieu de passage obligé qu'on abandonne lors de la mort et, lorsqu'une vie après la mort est envisagée, celle-ci ne serait que la survie de l'âme dépouillée du corps. C'est mal connaître la croyance chrétienne de la résurrection des corps glorieux !

Dieu nous met donc en garde contre les mauvais usages du corps, et certaines formes d'ascétisme caractérisées par le mépris du corps en font partie. L'apôtre Paul, par exemple, combattait précisément ce type d'ascétisme en affirmant à propos de ses promoteurs : « Ils ont, à la vérité, une apparence de sagesse, en ce qu'ils indiquent un culte volontaire, de l'humilité, et le mépris du corps, mais ils sont sans aucun mérite et contribuent à la satisfaction de la chair[2]. »

1. *Nouvel Obs*, 21 mai 2018, « Le foot et la foi : quand la religion porte le ballon » [en ligne].
2. Colossiens, chapitre 2, verset 23.

La maîtrise de soi et la discipline corporelle sont de bonnes choses[1] mais le mépris du corps que Dieu a créé ne l'est pas. On retrouve un tel raisonnement chez plusieurs auteurs païens, et l'on jugeait que l'abstinence sexuelle était plus nocive que la pratique modérée d'une sexualité libre. L'apôtre semble répondre à un tel argument lorsqu'il écrit : « Les aliments sont pour le ventre, comme le ventre pour les aliments ; Dieu réduira à rien celui-ci comme ceux-là. Mais le corps n'est pas pour l'inconduite sexuelle : il est pour le Seigneur, comme le Seigneur pour le corps[2] ». Dieu nous invite à lui offrir nos corps « comme un sacrifice vivant, saint, agréable à Dieu[3] », preuve s'il en est que le corps participe au culte et qu'il n'est donc pas mauvais par nature. Pour justifier leur pratique de l'inconduite sexuelle, ces Corinthiens semblent s'être appuyés sur certains éléments de la prédication même de l'Évangile libérateur par Paul. « Tout est permis », avait-il dit ; on peut donc faire tout ce que l'on veut, avaient-ils compris. C'est pourquoi l'apôtre leur rétorque : « Tout m'est permis, mais tout n'est pas utile ; tout m'est permis, mais moi, je ne permettrai à rien d'avoir autorité sur moi[4] ».

L'homme aime manipuler la vérité, comme l'atteste cette tristement célèbre tentation : « Dieu a-t-il réellement dit : Vous ne mangerez pas de tous les arbres du jardin ?[5] »

---

1. 1 Corinthiens, chapitre 9, verset 27.
2. 1 Corinthiens, chapitre 6, verset 13.
3. Romains, chapitre 12.
4. 1 Corinthiens, chapitre 6, verset 12.
5. Genèse, chapitre 3, verset 1.

C'est pourquoi les détracteurs religieux du sport aiment citer 1 Timothée 4, 8 : « L'entraînement du corps est utile, mais à peu de chose. Au contraire, la fidélité à Dieu est utile à tout. En effet, à celui qui est fidèle à Dieu, la vie est promise pour maintenant et pour plus tard. » Personnellement, je choisis de retenir que l'entraînement du corps est utile (hygiène de vie, santé, amitié, dépassement de soi...), mais aussi de souligner qu'il est limité : le sport n'offre pas les paroles de la vie éternelle ! C'est en cela que le sport n'est pas une religion au sens strict car il ne propose pas de finalité – que ce soit la réincarnation ou la résurrection des corps –, et bien qu'il réunisse des gens entre eux, il ne nourrit pas d'espérance solide.

À l'opposé de Platon, sur ce genre de questions, se trouve Épicure, un autre philosophe grec. Pour lui, le but de la vie se résume presque à la recherche du bonheur ici et maintenant. Cette philosophie marque profondément notre siècle. Les slogans de développement personnel pullulent dans notre société : « *Just do it* », « Impossible n'est rien », « Sois la meilleure version de toi-même », « Accepte-toi tel que tu es. » Nous sommes entourés de slogans et de discours qui visent le développement personnel. J'ai déjà lu et entendu à plusieurs reprises des responsables chrétiens qui non seulement reprennent les mantras du développement personnel, mais qui, en plus, affirment que c'est une notion qui est présente dans la Bible. Ce monde du développement personnel est très proche de tout l'univers du bien-être. L'idée centrale est de prendre soin de soi comme priorité et objectif de vie. Voilà pourquoi nous n'avons jamais autant entendu parler de santé mentale[1] depuis la crise sanitaire de 2020 car la maladie et les restrictions sanitaires ont eu un impact sur nos activités physiques et sociales. Il est clair que le rapport à soi et aux autres sont des besoins vitaux. Nous sommes des êtres sociaux. Comme nous l'avons vu au début de ce chapitre, la visée du bien-être personnel peut être vue comme étant en accord avec la volonté de Dieu, dans un certain contexte et avec les bonnes nuances. Mais nous devons encore mettre au défi une grande partie de l'univers du bien-être. En effet, la Bible ne nous dit jamais : « Deviens plus comme toi-même. » Voici plutôt l'objectif de Paul vis-à-vis des chrétiens qu'il sert : « Que Christ soit formé en vous[2] ». La visée de Paul n'est pas le développement de soi, mais le développement de Christ en soi ! De plus, le christianisme est porteur d'un message d'Espérance qui ne se limite pas à notre vie terrestre. Dans un tout autre contexte, Jean-Baptiste avait dit à propos de Jésus : « Il faut qu'il grandisse et que moi, je diminue[3] ». Il parlait de l'ampleur de leurs ministères respectifs, mais on pourrait en dire autant de la place que nous accordons à nous-mêmes et de la place que nous accordons à Jésus dans nos vies. Ainsi, le développement personnel est une discipline piégée. Grandir en patience peut être vu comme du développement personnel. Mais dans la pensée biblique, l'appel à grandir en patience

1. Selon l'OMS, la santé mentale est un « état de bien-être qui permet à chacun de réaliser son potentiel, de faire face aux difficultés normales de la vie, de travailler avec succès et de manière productive, et d'être en mesure d'apporter une contribution à la communauté ».
2. Galates, chapitre 4, verset 19.
3. Jean, chapitre 3, verset 30.

n'est pas lancé en vue de devenir un meilleur « soi ». La Bible nous place devant l'importance de ces choses non pas pour vivre une meilleure vie, mais pour devenir comme Christ, comme une préparation pour la vie éternelle ! « Afin de gagner Christ et d'être trouvé en lui [...]. Ainsi je connaîtrai Christ, la puissance de sa résurrection et la communion à ses souffrances en devenant conforme à lui[1] ». Voilà la vision du développement dans la vie du chrétien ! Approche très différente de celles des speechs de Tony Robbins ou de Joël Osteen...

De grands champions que j'ai eu le privilège d'accompagner ces dernières années ont exprimé cette quête du bonheur : « Si je ne vis pas 100 % pour Jésus, je ne connaîtrai jamais le vrai bonheur[2] » explique Aurélien Collin.

« J'ai réalisé que sans Jésus j'étais vide[3] » avoue Olivier Giroud dans le *Magazine Jésus*.

Quant à Gilles Yapi-Yapo, il rappelle : « que l'on soit footballeur, artiste, journaliste, on a tous besoin d'être sauvés par Jésus[4] ».

Le sport est devenu plus important qu'il n'aurait dû l'être. À titre d'exemple, sur la période 2011-2014, les revenus officiels de la FIFA (Fédération internationale de football association) ont atteint 5,7 milliards de dollars, soit le PIB annuel du Liberia et du Burundi réunis. La Coupe du monde 2014 organisée au Brésil a assuré à elle

1. Philippiens, chapitre 3, verset 9-10.
2. www.plusquesportifs.org.
3. *Magazine Jésus*, Première Partie, 2019.
4. www.plusquesportifs.org

seule 4,8 milliards de dollars de recettes. Et en France, 16 milliards d'euros sont consacrés chaque année par les Français pour la pratique du sport.

Comme pour moi autrefois, le sport est devenu une religion, un véritable culte pour beaucoup de personnes. Et c'est bien là que réside la tension. Nous avons cherché notre bonheur en dehors de Dieu. Or c'est lui qui offre des dons naturels à tous, dont des capacités physiques extraordinaires à certains. Mais l'homme s'en est enorgueilli et a voulu devenir comme Dieu : « Ils ont changé la gloire du Dieu incorruptible en images représentant l'homme corruptible [...] et qui ont adoré et servi la créature au lieu du Créateur[1]. » Notre société a érigé le bien-être et l'apparence physique en nouvelle religion. Elle a fait des sportifs des idoles, de la performance un acte cultuel et des marques de sports un vêtement religieux. L'Ecclésiaste, livre écrit par un grand leader des temps anciens, probablement Salomon, nous convainc de la vanité du monde : celui-ci ne peut pas nous rendre heureux. « Vanité des vanités, tout est vanité. Comble de l'inconsistance, dit l'Ecclésiaste, comble de l'inconsistance, tout n'est que fumée ! Quel avantage l'homme retire-t-il de toute la peine qu'il se donne sous le soleil ?[2] » Faudrait-il alors fuir le monde du sport sous prétexte qu'il est pétri de la corruption humaine ?

Philippe Acensi, délégué général de l'Agence pour l'éducation par le sport, a déclaré que « le sport n'est

1. Romains, chapitre 1, verset 23-25.
2. Ecclésiaste, chapitre 1, verset 2.

pas éducatif par nature, mais nécessite des citoyens qui transmettent des valeurs de solidarité et de convivialité. »

Oui, le sport reste entaché du mal, si nous le laissons entre les mains de personnes mal intentionnées. C'est pourquoi l'association Holistic Sports que j'ai fondée en 2017 avec la collaboration de cinq autres personnes, s'engage afin de proposer une alternative. HolisticSport (et son site internet www.holisticsports.fr) est une association d'inspiration protestante visant à soutenir la communauté sportive dans une approche holistique tout en identifiant, formant, recommandant et guidant les aumôniers du sport. Nous croyons que des personnes plus heureuses avec un état d'esprit approprié seront de meilleurs athlètes, formeront de meilleures équipes et de meilleurs clubs. Nous croyons aussi que Dieu veut donner du sens à l'existence des sportifs, ce qui a des conséquences libératrices dans leurs pratiques et leur quotidien. Et qu'à travers la pratique sportive, nous pouvons apprendre des vérités sur Dieu ainsi que sur nous-même et notre caractère. Notre devise pourrait se résumer ainsi : « Montre-moi comment tu joues, je te dirai qui tu es. » Mon moteur est-il l'amour ? Car aimer Dieu, c'est aimer son prochain, qui peut être mon adversaire du jour sur un terrain ! D'ailleurs Jésus ne nous invite-t-il pas à dire du bien, même de nos ennemis[1] ?

Dieu ne souhaiterait-il pas nous inviter à vivre plus que cet adage « un esprit sain dans un corps sain » ? Et

1. Matthieu, chapitre 5, verset 44 : « Aimez vos ennemis, bénissez ceux qui vous maudissent, faites du bien à ceux qui vous haïssent, et priez pour ceux qui vous maltraitent. »

si un simple « T » ajouté à cette devise pouvait changer toute une destinée ? Et si le but de l'homme était de vivre avec un « Esprit Saint dans un corps saint » ! Et si ce simple T qui nous rappelle la croix où Christ a été crucifié pour nos fautes était une invitation à vivre pleinement réconciliés avec Dieu dans tous les aspects de notre vie ! Cette invitation, je l'ai expérimentée. En Christ j'ai été réconcilié avec Dieu. Cela a eu pour conséquence que je me suis réconcilié avec moi-même. J'ai appris à m'aimer au-delà de mes échecs. Je courais après un succès, une reconnaissance éphémère. J'ai appris à me laisser aimer par mon Créateur. Je n'ai plus rien à prouver car Dieu m'a approuvé ! Je suis aimé pour qui je suis en dehors de mes performances. Dans l'économie de Dieu, c'est la performance de Christ qui détermine notre valeur et pas nos performances. Cet amour du Christ m'a appris à pardonner aux autres, et le plus dur a été de commencer avec mon propre père.

Dans ce processus de restauration, Dieu m'a montré comment je pouvais pratiquer et vivre le sport avec un nouveau but. Je devais viser une gloire plus grande : la sienne ! *Soli Deo Gloria*[1] comme signait Jean Sébastien Bach toutes ses œuvres ou plus récemment la nageuse olympique sud-africaine, Tatjana Schoenmaker aux Jeux olympiques de Tokyo 2021.

Aujourd'hui, la question qui me revient le plus souvent est : peut-on prier pour gagner ? La réponse se trouve peut-être dans ce commandement divin : « Tu n'invoqueras pas le Nom du Seigneur ton Dieu en vain. »

1. « À Dieu seul la gloire ! » affirme la théologie protestante.

Cela signifie que vous ne pouvez pas attirer la force du Créateur afin d'effectuer certaines actions égoïstes.

Depuis vingt ans, je travaille sur ce lien entre le sport, le corps et la spiritualité. Je suis invité dans le monde entier pour partager ce message d'une autre Gloire. J'ai pu rencontrer des centaines de sportifs qui ont choisi de vivre pour la gloire de leur Créateur. J'ai rencontré à Rio Daniel Dias, nageur et recordman de médailles paralympiques. Bien que son corps soit atrophié, il a connu une période où ses motivations n'étaient pas saines et où il a cherché à tirer de ses résultats la gloire. Il a expérimenté cet enseignement biblique :

« Ignorez-vous que votre corps est le temple même du Saint-Esprit qui vous a été donné par Dieu et qui, maintenant, demeure en vous ? Vous ne vous appartenez donc pas à vous-mêmes. Car vous avez été rachetés à grand prix. Honorez donc Dieu dans votre corps[1]. »

J'ai cheminé avec plusieurs sportifs dans cette transition du culte de soi et du corps, au culte rendu à Dieu à travers leur corps. C'est à la lumière de la Bible que je peux affirmer aujourd'hui que la pratique physique ou sportive est bien une activité spirituelle qui engage notre être tout entier. J'ai pu expérimenter les effets libérateurs de jouer pour cette autre gloire. Un jour, un joueur est venu me voir à la sortie d'un match, après que je suis devenu chrétien :

– Joël, qu'est-ce qui s'est passé ? Je trouve que tu es devenu plus fort qu'avant…

1. 1 Corinthiens, chapitre 6, verset 19-20.

– Ah bon, merci, je crois que c'est grâce à mon nouveau coach Jésus ! Ce Dieu rempli d'amour, qui a revêtu la tenue sportive de notre humanité en payant le prix du plus grand transfert de l'humanité afin que toi et moi puissions être titulaires d'une vie abondante ! Son amour m'a libéré. Je me sens libre sur le terrain pour donner le meilleur de moi-même.

Je vous invite à lire le douzième chapitre de l'épître aux Romains qui a été une révélation pour persévérer dans ma vocation au milieu des sportifs. Voilà mon nouvel ordre de mission… aider les sportifs à vivre pour une autre gloire et une nouvelle liberté. Aujourd'hui je peux affirmer vivre d'une manière équilibrée en ayant un pied dans l'Église et un pied dans la société, tout en ayant un cœur tout entier à Christ !

Chapitre 5

D'UNE MISSION À UNE AUTRE

« Commence par faire le nécessaire,
puis fais ce qu'il est possible de faire
et tu réaliseras l'impossible
sans t'en apercevoir. »

Saint François d'Assise

En cette fraîche journée d'automne 2015, j'ai le cœur réchauffé ! Je viens de passer une magnifique soirée au bar Le Martin's à Angers. Non, je n'ai pas la gueule de bois mais bien la mine enjouée sous la douceur angevine. J'ai eu le privilège de présenter mon premier documentaire *Au-delà des épreuves* dans ma ville natale, un retour aux sources. À l'été 2006, j'ai dû quitter Angers pour les besoins du ministère : un déchirement dans mon cheminement. Heureusement je n'étais pas seul, Dieu m'a fait la grâce d'épouser Emily, en octobre 2005. Pendant ces cinq ans à Lyon, je vais être mis à rude épreuve dans ma croissance et le développement de mon caractère.

En 2011, lors d'une période de transition dans ma vie, après un déménagement de Lyon à Rennes, j'ai remis beaucoup de choses en question dans ma vocation et mes orientations. Une nouvelle saison de vie s'est offerte à moi dans l'accompagnement des sportifs de haut niveau. Un appel spécifique se faisait de plus en plus pressant pour montrer la beauté d'une réalité trop souvent ignorée en France : la spiritualité chrétienne dans le sport.

Pour être tout à fait honnête, j'en avais assez d'écouter des témoignages d'Américains ou de Brésiliens nous parler uniquement de leur victoire grâce à Dieu et ne jamais nous parler de leur intimité avec Dieu, de leur caractère, de leur choix… Sachant que nul n'est tenu à l'impossible, plutôt que de me morfondre sur le manque de ressources en France, j'ai remis en prière ce souhait de réaliser un documentaire sur les sportifs qui pratiquent la foi chrétienne. Dieu a largement répondu à cette prière. Cela représentait un budget colossal pour une petite association.

J'ai travaillé d'arrache-pied pendant plus de deux ans pour chercher des fonds, préparer le casting, interviewer en amont les sportifs potentiels, monter une équipe technique, écrire la trame du documentaire… J'ai la joie dans mon travail de pouvoir me diversifier : à travers mon rôle premier d'accompagnateur spirituel, je découvre tellement de gens aux vies transformées par le Christ que je ne peux m'empêcher de les aider à faire connaître ce trésor qui est en eux. Je me transforme donc de manière autodidacte en producteur, directeur de casting, co-scénariste, puis co-réalisateur à partir du troisième opus ! J'ai eu le privilège d'être accompagné par le talentueux Jérémie Santander qui a déjà réalisé *Broken Tracks* diffusé sur Arte et par mon ami passionné de sport, Jérémie Del Zotto, qui avait déjà écrit plusieurs scénarios pour des documentaires et des spots publicitaires.

Finalement, au lieu d'un seul documentaire, nous avons réalisé une série *Esprit Saint, Corps Saint* tiré de la maxime *Mens sana in corpore sano*. Nous avons énoncé un nouveau concept affirmant que les hommes et les femmes pratiquant le sport à haut niveau sont plus que des sportifs. Le site plusquesportifs.org que j'ai créé à la suite du documentaire est devenu un mouvement regroupant des dizaines de sportifs témoignant ouvertement de leur foi chrétienne. Cette première expérience me donne de la force pour porter le projet plus haut. Deux autres épisodes voient le jour, *Plus Que Sportifs* puis *Hors Je* exclusivement avec des footballeurs.

Au total, ce sont plus de dix mille DVD qui s'écoulent en France et dans la francophonie. Les médias s'emparent du sujet. En 2015, le journal *La Croix* titre « Être sportif et avoir la foi...[1] » ; en 2016, François Morinière, ancien directeur général du groupe *L'Équipe*, fait une chronique sur notre série *Esprit Saint, Corps Saint* sur Radio Notre-Dame, un bel hommage de la part d'un fervent catholique et grand passionné de sport. C'est encourageant de voir que notre travail trouve un écho dans un public, plus large qu'imaginé, dans toutes les sphères de la société.

C'est donc un plaisir que d'aller de ville en ville (Lyon, Montpellier, Grenoble, Paris, Rennes, Blois, Loches) présenter nos documentaires dans des lieux divers comme des bars, des cafés, des établissements scolaires mais aussi des églises.

1. *La Croix*, 24 avril 2015, « Être sportif et avoir la foi » [en ligne].

Ce soir-là, dans ma ville natale, j'anime ce ciné discussion dans lequel on découvre un écorché vif, Jacques Wampfler, basketteur pro, l'athlète olympique Reina Flor Okori et Xavier Sau ex-cycliste de niveau national. Dans la salle, il y a une vingtaine de passionnés de sport dont quelques amis, ainsi qu'un journaliste du *Courrier de l'Ouest*.

Xavier est sauvé !

Xavier est venu spécialement de Lyon pour nous partager son histoire atypique. Il n'est pas le plus médiatique parmi les sportifs présents dans le documentaire mais son histoire gagne à être connue. À vingt-cinq ans, en pleine force de l'âge, Xavier est stoppé par une étrange maladie : la fibromyalgie. C'est une maladie qui associe douleurs musculaires ou articulaires permanentes, fatigue chronique, troubles du sommeil, symptômes dépressifs et troubles anxieux. La personne qui en souffre se plaint d'avoir mal partout sans interruption pendant des mois. Reconnue par l'Organisation mondiale de la santé en 1992, sa nature et son existence font encore l'objet de controverses dans le monde médical.

C'est une maladie orpheline encore très méconnue en France lorsque notre sportif tombe malade en 2002.

Je suis toujours émerveillé d'entendre le parcours de Xavier et notamment sa guérison miraculeuse. Qui l'eût cru ! Il se définissait comme athée. Le sport était tellement omniprésent dans sa vie qu'un jour il avait dit : « Le jour où je ne pourrai plus faire de sport, je me donnerai la mort. » Plusieurs années après, sa vision de la vie a changé. À la suite de la conversion de sa mère, Xavier accepte à reculons son invitation à venir à l'église ! Il est dans la vingtaine, qu'est-ce que Dieu pourrait bien lui apporter ? Mais contre toute attente, il est saisi par la grâce de Dieu… Alors qu'il embrasse une vie nouvelle sur le chemin du Christ, il tombe malade. Sa foi l'aidera à traverser cette épreuve. Xavier a connu des gens qui lui ont tourné le dos car il était devenu faible. Il a connu le mépris car la fibromyalgie n'était pas connue du corps médical. Il était devenu un fainéant aux yeux de certains, un paria.

Heureusement, Dieu ne l'avait pas abandonné ! Quel bonheur de l'entendre parler de son expérience de l'amour de Dieu qui l'a aidé à tenir bon. Puis un jour, alors qu'il a pu se rendre à l'église non sans souffrir de son déplacement, il chante de tout son cœur des louanges en l'honneur de Dieu. Ce jour-là, il sent comme une main qui lui arrache quelque chose dans son corps. À partir de cette expérience surnaturelle, sa santé s'est améliorée de jour en jour. J'en croyais à peine mes oreilles. J'ai mené mon enquête pour le documentaire : on a filmé le rapport médical, diffusé le sujet d'un médecin spécialiste de la fibromyalgie… Xavier a bien été guéri. Je peine à croire qu'il ait été malade car la dernière fois qu'on a fait un 10 km ensemble en course à pied, il m'a largement semé ! En fac de sport, j'avais une VMA à 18 km/h, ce qui est correct pour un footballeur. Mais sur un 10 km à ce moment-là je courais autour de 13 km/h alors que Xavier était sur une moyenne de 15 km/h. Quand Dieu guérit, il ne fait pas les choses à moitié !

Le témoignage de Xavier suscite des questions dans l'assistance du bar Le Martin's. Les gens ont plus l'habitude de soigner leurs maux à coups de rosé. Nous prenons le temps de répondre puis d'échanger autour d'un verre avec les habitués du bar. Il est minuit : pour clore les longs échanges, au comptoir du bar, nous sommes invités à prier. Après une courte nuit, de nouvelles aventures nous attendent. Nous avons une émission à enregistrer pour la radio RCF Rennes en lien avec la sortie de *Au-delà des épreuves*.

Rencontres à la Jonelière

Xavier a son avion en fin de journée à Nantes. J'en profite pour l'amener voir l'entraînement du FC Nantes à La Jonelière. J'accompagne depuis quelques années David Alcibiade, ancien capitaine de l'équipe de France U16 aux côtés des Lacazette, Kakuta et Grenier. Il se retrouve en équipe réserve du FC Nantes et s'entraîne occasionnellement avec les pros. Ma rencontre avec David remonte à mes premières années d'engagement auprès des sportifs, quatre mois avant mon mariage. C'était en 2005, alors qu'il allait intégrer l'INF Clairefontaine, le temple du football, là où sont sortis les Thierry Henry, Nicolas Anelka… David impressionne déjà par sa taille et son ossature, il n'a alors que quatorze ans. J'étais l'un de ses coachs de football dans un camp qui alliait le foot et la foi chrétienne. Chaque jour, les jeunes avaient la possibilité d'entraîner leur corps deux fois, mais aussi de s'éveiller aux enseignements du Christ. Les parents de David avaient voulu qu'il puisse recevoir des conseils spirituels et des apports bibliques pour bien gérer sa carrière de footballeur, tout autant que sa vie d'homme. Son parrain lors du camp fut Jean-Marc Chanelet, passé par le FC Nantes et l'Olympique Lyonnais notamment. Jean-Marc avait découvert l'amour de Christ à l'apogée de sa carrière par l'intermédiaire d'Edmilson à l'OL. À son tour, il a transmis le relais à la nouvelle génération, loin de savoir que cinq ans plus tard David arpenterait les chemins et les pelouses de La Jonelière et du stade de La Beaujoire comme ambassadeur du Christ au FC Nantes.

Lors de son camp, j'ai eu à cœur d'encourager David par une prière d'envoi telle celle de l'envoi des disciples par le Christ : « Père, je ne te prie pas de les ôter du monde mais de les préserver du malin ».

Puis le temps est passé jusqu'en 2011, où je n'ai ni reçu de nouvelles de David, ni trop suivi l'évolution de sa carrière. Mais un jour, avec un de mes collègues aumôniers du sport, nous sommes invités à Lille pour une conférence sur le sport et la spiritualité. J'en profite pour reprendre contact avec David qui joue dans le club professionnel de Lille. Son père est présent au rendez-vous. Nous nous retrouvons en tribune d'un match de CFA, de l'équipe réserve du LOSC. Sur le parking quelques beaux bolides sont garés et quelques jolies femmes en talons aiguilles sont sur le bord du terrain. On sent qu'un autre match se joue en coulisse. La chasse au futur poulain existe bien. Le père de David nous retrace le parcours de son fils et ses inquiétudes pour la suite. David avait connu une ascension fulgurante, mais une pubalgie à seize ans l'avait écarté des terrains plusieurs mois et surtout lui avait fait rater le contrat de ses rêves : cinq ans avec des émoluments importants pour un jeune de seize ans. À dix-neuf ans, quand je le retrouve, il est à trois mois de la fin de son contrat. La peur du vide, l'incertitude est totale. Il a besoin de prières mais aussi de contacts dans le milieu. Quelques mois plus tard, le hasard, ou plutôt Dieu faisant bien les choses, David passe des Dogues de Lille aux Canaris de Nantes, à seulement une heure de chez moi ! Il se retrouve seul, loin de sa famille. Nous renouons contact pour ne plus nous quitter. Son père insiste pour que David accepte un suivi spirituel. Il fait alors partie de ces joueurs tiraillés entre leur relation à Dieu et les plaisirs mondains.

Comme j'ai coutume de le dire, il est important d'avoir un pied dans notre société et un pied dans l'Église mais un cœur tout entier à Christ.

David l'exprime ainsi lors d'une interview en 2019 : « Durant ma jeunesse, je dirais que je donnais à Dieu 80 % de moi, en gardant 20 % pour mes petits plaisirs, mes envies personnelles. Progressivement, Dieu m'a fait comprendre qu'il souhaitait ma totalité et pas seulement 80 % de moi. »

En 2017, David est interviewé pour *20 minutes* par David Phelippeau, journaliste à RMC Sport, sur sa foi chrétienne. L'article sous-titre ainsi : « Le défenseur nantais parle sans tabou de la foi chrétienne qui l'anime au quotidien… » David y confie : « Je suis à contre-courant. Par moments, je me sens en marge car il y a des choses que je ne veux pas faire par rapport à mes valeurs[1]. »

1. *20 Minutes*, 8 octobre 2017, « FC Nantes : "Je suis à contre-courant, et par moments, je me sens en marge", confesse Alcibiade » [en ligne].

Au fil des années, David est devenu un proche de notre famille. Avec lui comme avec d'autres, j'aime aller rendre visite aux joueurs sur les terrains car cela me permet d'avoir une vision globale de leur implication et de leur état d'esprit ! C'est l'occasion de rencontrer de nouvelles personnes, de croiser aussi d'autres sportifs, car juste à côté il y a l'école du Sens de Nantes. J'en profite pour envoyer un message à un jeune rugbyman qui côtoie la même église que mes parents à Angers. Il m'a sollicité pour que je l'accompagne dans sa foi. Il se retrouve isolé dans son cheminement. La semaine, il vit à l'internat. Le rythme est très soutenu entre les cours et les entraînements de rugby. Il n'est pas facile de trouver du temps pour lire la Bible, surtout quand on ne sait pas par où commencer. Les week-ends sont souvent pris par les matchs et sa présence à l'église est aléatoire. En temps normal, à la sortie des cours, il doit vite enchaîner son repas, car l'après-midi, il a un entraînement de rugby de l'autre côté de Nantes. Malheureusement pour lui, ce jour-là, il est blessé. Cela lui donne plus de temps pour échanger avec nous avant qu'il ne parte faire ses soins. Je lui présente Xavier et nous lui offrons le DVD. Xavier partage avec lui son témoignage. Ce jeune rugbyman est travaillé par ce coup d'arrêt : sa blessure aux cervicales est vécue comme une épreuve. Nous lui proposons de prier pour lui afin que Dieu lui communique sa paix et agisse dans son corps. À la fin de la prière, il nous dit ne plus avoir de douleurs. Avec Xavier, nous sommes agréablement surpris et en joie. Nous remercions Dieu et l'encourageons à faire vérifier cela par son staff. Malheureusement incrédule, son entraîneur ne l'autorise pas à reprendre la compétition au match suivant. Il devra attendre une dizaine de jours. Peu importe, ce jeune a pu expérimenter le toucher de Dieu dans son corps. Je continuerai à le voir pendant plusieurs semaines jusqu'à son baptême, signe de son engagement à suivre le Christ. Depuis, ce joueur évolue en Top 14, a joué en finale de la coupe d'Europe et a intégré l'équipe de France en vue de la Coupe du Monde 2023.

Pendant ce temps-là, David s'entraîne sur les terrains à côté de l'école du Sens. Il m'aperçoit sur le parking et m'invite à le suivre. Nous prenons un petit tunnel qui passe sous la route de La Jonelière pour rentrer dans le mythique centre d'entraînement du FC Nantes. Derrière ce grand portail vert, de grandes gloires du football français ont foulé les magnifiques pelouses verdoyantes.

Le centre de formation nantais est installé au centre sportif José-Arribas à La Chapelle-sur-Erdre, route de La Jonelière au nord de Nantes, et il est reconnu comme l'un des meilleurs, sur le plan européen, à former des joueurs internationaux, comme les champions du monde Didier Deschamps, Marcel Desailly et Christian Karembeu, ainsi que Mickaël Landreau, sans oublier Reynald Pedros, Antoine Kombouaré ou Éric Carrière. Le jeu à la nantaise a fait rêver des générations. En 2015, c'est une époque révolue pour David et ses coéquipiers Valentin Rongier et Léo Dubois, qui peinent à hisser le club au plus haut niveau français. En 2015, La Jonelière n'était pas encore devenue « le château fort » impénétrable comme sous l'ère Sergio Conceição où plus personne ne pouvait entrer…

Étant accompagnés de David, personne ne nous demande ce que nous faisons là. Je ne me rappelle pas avoir croisé le service de sécurité. David nous conduit jusqu'aux vestiaires où nous croisons Fabrice Pancrate. Tour à tour, des joueurs tels qu'Anthony Walonga, Adama Niané, sortent du vestiaire et nous saluent. Je suis agréablement surpris par la mentalité respectueuse des visiteurs qui règne. En attendant David, l'ancien joueur du PSG, Fabrice Pancrate, fait son arrivée. C'est un ancien de la maison Jaune, il a joué aussi avec David en Ligue 2 en 2012. Fabrice s'est reconverti en agent. Comme je le reconnais, je me permets de l'aborder car nous avons un ami en commun, Marcos Ceara, ancien capitaine du PSG et connu pour sa foi fervente. Il nous fait un bon accueil. J'en profite pour échanger avec lui sur son parcours de foi, sur le judaïsme ainsi que sur la foi chrétienne. Un joueur de l'équipe réserve nous rejoint, c'est un jeune Camerounais prometteur, Alexis Yougouda. Il nous salue. Fabrice Pancrate souhaite s'entretenir avec lui. Ils se mettent à l'écart. Tout le monde est sorti, nous sommes seuls à attendre David... Un de ses défauts est de prendre son temps, il sort régulièrement le dernier du vestiaire. Dix minutes plus tard, David sort enfin !

Rencontre avec un nominé au Ballon d'or africain

Nous nous retrouvons sur le parking des joueurs, nous sommes prêts à partir. Alexis est sur le départ. Au volant de sa Fiat 500, il effectue une marche arrière, les fenêtres ouvertes, lorsque nous arrivons à sa portée. J'entends sa musique, des chants chrétiens africains… Je l'interpelle sur les chants et prends le temps de me présenter en tant qu'ami de David et pasteur. Il se dit croyant. J'en profite pour l'inviter à nous rejoindre avec David lors de nos études bibliques, lui indique qu'il peut prendre mon numéro auprès de David.

Il est déjà tard. Sur les coups de 13 h 30, nous prenons la direction du centre-ville de Nantes pour déjeuner avec David. Un autre lieu mythique et repère des footballeurs nous attend : L'entrecôte. J'en ai eu de bons échos de mon ami Gilles Yapi-Yapo, ancien canari de 2003 à 2006. Nous passons un moment agréable avec David et nous évoquons la situation de son collègue Alexis. David le décrit comme quelqu'un de discret. Ils se croisent de temps en temps mais Alexis s'entraîne à part car il revient d'une grave blessure au genou : rupture des ligaments croisés. Malgré cela, le FC Nantes a pris le risque de le faire signer deux ans. Il a rejoint l'équipe réserve pour sa rééducation dans l'espoir de jouer avec les pros. J'encourage David à prendre soin de lui et à l'inviter à nos réunions. Nous prions pour cette situation et nous le quittons.

Quelques jours plus tard, Alexis me contacte et nous faisons plus ample connaissance par téléphone. Il m'explique sa situation. Je découvre qu'il a fait partie de la liste des 25 nominés au Ballon d'or africain en 2013. Il est un grand espoir du football africain et en particulier camerounais. Il a fini meilleur buteur de la Ligue des Champions africaine à dix-neuf ans, ce qui suscite de nombreuses convoitises. Alexis a tout pour être heureux, la notoriété, les performances, les clubs européens qui s'intéressent à lui et il me confessera accueillir chaque semaine une femme différente dans son lit. Lors d'un entraînement avec son club de Coton Sport, il subit une grave blessure causée par le tacle d'un coéquipier.

Alexis est livré à lui-même, loin de sa famille et doit faire face à une course contre la montre. Lorsque je le rencontre en novembre 2015, cela fait déjà dix-huit mois qu'il est entre les mains des kinés et préparateurs physiques. Mais il rechute. Il me fait part de son mal-être. Il sent la pression autour de lui monter. Forcément, les dirigeants se sentent quelque peu lésés sur le rendement. Alexis gère cela dans le sexe et la pornographie comme exutoires. Je l'invite à réfléchir sur l'amour inconditionnel de Dieu.

Alexis intègre le groupe de partage biblique avec d'autres joueurs comme Terence Makengo et Jérémie Bela. Cela lui fait du bien d'entendre les témoignages d'autres joueurs passés par des épreuves. Nous prions ensemble pour les situations de chacun. Je suis régulièrement avec lui au téléphone. Alors qu'il pense revenir et s'entraîner avec la réserve, le staff décide de resserrer le groupe et de l'envoyer s'entraîner avec les U17. Il est mis au placard. Le club ne compte plus sur lui. Dans cinq mois son contrat sera fini, donc cela ne sert à rien de le faire jouer. De passage à nouveau à La Jonelière, je m'entretiens avec Mathieu Bideau, le responsable de la cellule de recrutement. Il doute qu'Alexis puisse reprendre le football à haut niveau. C'est important pour moi d'entendre cela de la part d'un expert, même si je ne peux lui transmettre ces propos, cela serait dévastateur pour lui. Et en même temps, je crois dans le Dieu de l'impossible. Je ne veux pas manquer de foi, ni qu'Alexis se décourage, pourtant il faut être réaliste. Dans la même période, Alexis apprend le décès de son papa. Le club le libère quelques jours pour qu'il puisse participer aux obsèques. En retournant au Cameroun, il rencontre une amie de lycée, Leila, une jeune chrétienne. Ils tombent amoureux. Quelques semaines après son retour du Cameroun, il m'informe que Leila est enceinte. Alexis est confus. Que faire ? Doit-il rester en couple avec Leila ? Elle souhaite me parler. Nous partageons tous les trois. Elle est consciente d'avoir brûlé des étapes avec Alexis. Ils me demandent un accompagnement dans ce processus. Ils font le choix important de garder l'enfant et pour Alexis d'assumer son rôle de père. La question du mariage et celle de la parentalité se posent à eux.

À la fin de son contrat au FC Nantes, Alexis se trouve sans rien, il doit rendre sa voiture, son appart… Il a vingt et un ans. Avec des rêves de haut niveau plein la tête, sa priorité n'est pas au mariage, ni à la parentalité. En accord avec mon épouse, je lui propose de venir se ressourcer chez nous pendant une semaine. Nous prenons du temps pour prier, partager, nous amuser ensemble avec les enfants. Je me transforme en préparateur physique à ses côtés. Nous partons faire des tours de parc, à côté de chez nous. Alexis est en forme, la cadence est soutenue. Il ne reste plus qu'à retrouver les sensations avec le ballon. C'est avant tout une question de confiance. Pour lui permettre de se détendre, je décide de l'emmener avec mes enfants Liam et Evy au parc d'attractions Kingoland près de Lorient. Emily est enceinte de sept mois de notre troisième enfant Elsy. Elle fait donc l'impasse sur cette journée à sensations. Dans le cadre de sa remise en forme, je propose à Alexis une sortie à la piscine. À ma grande surprise, je découvre un grand gaillard apeuré par l'eau et qui ne sait pas nager. Cela m'interpelle sur son niveau de confiance en lui. Je prends conscience que la route sera longue et qu'il aura besoin de soutien. Je l'encourage et lui rappelle cette belle parole de Jésus : « Cherchez premièrement le royaume et la justice de Dieu ; et toutes ces choses vous seront données par-dessus[1]. »

Autrement dit, je prie et espère qu'il se rende compte que sa place est avec Leila. Après un bon séjour chez nous, il retourne à Nantes chez un de ses rares amis camerounais. Alexis fait quelques essais dans des clubs de National et National 2 en France mais sans succès. Finalement, dans le courant de l'été, il part en essai en D2 en Suède, grâce à Fabrice Picot, adjoint de son agent Maxime Nana, dont il n'a plus de nouvelles. Alexis s'envole pour dix-huit mois en Suède sans passer par la case Cameroun. En octobre 2016, je pars lui rendre visite en Suède pour faire le point avec lui sur les trois engagements les plus importants de la vie d'un homme : l'engagement avec le Christ par le baptême, l'engagement marital et l'ancrage dans une église locale. Mon réseau d'églises *Newfrontiers* et d'aumôneries étant international, j'ai l'avantage d'avoir des connexions jusqu'à Göteborg où je lui recommande une église. Alexis est très bien accueilli par les membres de l'église. Ces rencontres sont d'un

1. Matthieu, chapitre 6, verset 33.

grand réconfort et soutien pour lui. En décembre 2016, à l'occasion de la trêve hivernale, Alexis décide de rentrer en France. Personnellement, j'aurais préféré qu'il rentre au Cameroun. Mais il est dans l'attente du mercato. Il pense pouvoir rebondir dans un autre club après ses six mois en Suède. De plus, il n'a pas forcément les moyens financiers de se payer l'aller-retour au pays, surtout s'il doit rentrer en urgence. Pour des raisons de visa de travail, il me semble que c'est aussi risqué de retourner au pays et de s'y retrouver bloqué. Son souhait est de se faire baptiser dans mon église avec la présence de quelques joueurs et amis nantais. L'humour de Dieu : un joueur du FC Nantes, baptisé dans une église rennaise.

À cette occasion, David Alcibiade est présent. J'invite aussi une amie d'enfance d'Angers, Élisabeth Gaye, à se joindre à notre célébration de baptême. Elle a déjà eu l'occasion de fréquenter notre église. C'est l'occasion de revoir David qu'elle a côtoyé lors de ce fameux camp Foot et Foi en 2005 lorsqu'elle avait douze ans. De la joie de baptiser Alexis, nous verrons progressivement un couple se former. Que c'est beau les connexions divines ! David et Élisabeth se marieront civilement et religieusement moins de trois ans après. J'ai eu le privilège d'apporter l'exhortation biblique lors de la cérémonie religieuse de leur mariage dont je suis témoin. En avril 2022, ils nous ont fait la surprise avec mon épouse, lors d'un appel en visio de nous annoncer qu'ils allaient devenir parents à leur tour. L'émotion fut intense à la vue de l'échographie.

Pour revenir à Alexis, le jour de son baptême, nous sommes loin du projet de mariage. En tant que père, je suis triste de savoir qu'il ne sera pas au Cameroun pour la naissance de son fils, Isaac. Je prends conscience que l'accompagnement avec Alexis sera long. Il est jeune et a son rêve en tête. Il a la pression de sa famille pour apporter des finances. Il doit apprendre du passé. Tel un fils prodigue, il a tout dilapidé en faisant confiance à ses proches qui ont abusé de lui. Lorsqu'on est riche, on a beaucoup d'amis…

Je deviens rapidement aussi le confident de Leila. Elle est étudiante et doit faire face à sa grossesse, aux critiques de sa famille et à l'incertitude du retour d'Alexis. Je suis régulièrement au téléphone avec Alexis, sa situation en Suède n'est toujours pas idéale. La période hivernale est compliquée. Son corps n'est pas habitué à ces fortes baisses de températures : celui-ci réagit mal et les douleurs réapparaissent au niveau de son genou comme au niveau musculaire. Le contrat d'Alexis n'est pas reconduit en Suède. Il passe me voir à l'été 2017. Il se donne jusqu'à la fin du mercato en septembre de la même année pour décider s'il reste en Europe ou rentre dans son pays pour se marier civilement et faire la connaissance de son fils. Par la force des choses, et à mon grand soulagement, il a pu rentrer au Cameroun.

Comme cadeau dans la même saison, il a pu se marier, vivre pleinement son rôle de père et signer à Coton Sport, le club où il avait pris son vol. En 2018, il est sacré champion du Cameroun avant de rebondir au Maroc. Entre-temps Leila est à nouveau tombée enceinte. Alexis et Leila ont la joie de m'annoncer qu'ils attendent un deuxième fils qu'ils ont choisi d'appeler Joël et comme deuxième prénom Thibault. Je suis un peu gêné mais surtout ému ! C'est une belle marque de reconnaissance.

En janvier 2022, j'ai eu la joie d'être invité à des conférences sur le sport et la spiritualité à l'occasion de la CAN 2022 au Cameroun. Je ne pouvais pas rater l'occasion d'aller rendre visite à Alexis, Leila et leurs deux enfants, Isaac et ainsi que mon homonyme, le fameux Joël Thibault de Douala.

Mission au Cameroun : avec Eyong Enoh

Ce furent des retrouvailles chaleureuses au milieu d'un programme très intense qui m'a amené à Limbé, Douala et Yaoundé. J'y ai retrouvé l'ancien capitaine du Standard de Liège et des Lions Indomptables, Eyong Enoh. J'ai plusieurs anecdotes avec lui que j'aimerais partager, car elles font partie de notre histoire commune. La première fois que j'ai rencontré ce footballeur, c'était dans le stade du Standard pour un match sous haute tension dans le cadre du documentaire *Hors Je* que je réalisais à l'occasion de l'Euro 2016. J'étais venu interviewer Paul-José Mpoku, alias Polo star du club et chrétien engagé. J'étais accompagné de mon équipe de tournage, Jérémie Santander à la caméra et Jérémie Del Zotto pour le son. Polo nous a présenté Eyong comme un fervent chrétien. Nous avions fait connaissance au terme d'une soirée houleuse due à des affrontements entre hooligans de Liège et de Rotterdam. Nous étions bloqués sur le parking des joueurs au milieu de gros bolides sous une pluie de projectiles. Non loin de nous, un pavé a atterri sur le pare-brise de la Porsche Cayenne du gardien Yohann Thuram. À l'extérieur, les camions de police avec des lances à eau dispersaient la foule pour que vers minuit trente, les joueurs et les familles puissent enfin quitter le stade. Cela m'a permis de faire connaissance avec Eyong et de planifier avec lui une interview pour les prochains mois. Pendant ce temps-là, Jérémie, notre cameraman, en avait profité pour se frayer un chemin, je ne sais trop comment, pour aller filmer les heurts. Il a fini au commissariat, la police le prenant pour un hooligan. Vers 2 heures du matin, c'est Polo qui est gentiment allé le chercher au poste, après que Jérémie a expliqué qu'il s'agissait de faire un documentaire sur la pression autour du club et des joueurs. La nuit fut courte mais mémorable. Le résultat vidéo est saisissant[1].

L'autre souvenir que j'ai avec Eyong est plus récent. À l'occasion de la CAN 2022, nous nous retrouvons pour participer à une conférence sur le sport et la spiritualité à Yaoundé, la veille du match d'ouverture Cameroun-Burkina Faso dans le stade flambant neuf Olembé. Le match étant le dimanche après-midi, nous nous rendons au premier service de l'église à 9 heures pour pouvoir assister au match l'après-midi. Vers 11 heures, Eyong rejoint Samuel Eto'o qui lui remet des places pour notre délégation. Nous arrivons au stade une heure trente avant le coup d'envoi mais l'accès au parking VIP est bloqué par la police. J'ai dans ma poche un nouveau testament – dédicacé par Olivier Giroud et moi-même – à remettre à Samuel Eto'o comme marque de remerciement. Eyong part en repérage à pied jusqu'à l'entrée du stade. Quelques minutes plus tard, il revient.

1. Documentaire *Hors Je* disponible sur le site plusquesportifs.org.

« Tout est bloqué. Il y a l'armée en poste et si tu avances, ils n'hésiteront pas à tirer. Plus personne ne peut rentrer dans le stade car le président arrive au stade. »

Je reste stupéfait : comment l'ancien capitaine de la sélection nationale, muni de billets, peut-il être interdit de stade ?

« Eh oui Joël, ici quand le président passe quelque part, tout est bloqué. Même une route qu'il emprunte peut rester fermée trois jours. Mais ne t'inquiète pas, tu verras dès le match fini, l'accès au stade sera facilité pour le deuxième match de l'après-midi » me glisse Eyong avec un sourire en coin. Pendant la CAN, nos billets sont effectivement valables pour deux matchs consécutifs dans le même stade. Cette fois, malgré les routes barrées et les détours imposés qui nous retardent, nous arrivons au parking VIP sans aucun contrôle ! « Tu vois Joël, ce que je te disais, ça se passe comme ça au Cameroun. »

Le lendemain, nous avons visité un collège pour animer une conférence sur le sport et la spiritualité. Nous avons fini notre séjour par une visioconférence avec plusieurs joueurs des Lions Indomptables. Ce fut un peu frustrant d'être au Cameroun et de ne pas pouvoir les voir à cause des restrictions sanitaires. L'essentiel était ailleurs, nous avons pu passer un bon temps à lire la Bible, répondre à leurs questions et prier avec eux.

Chapitre 6

LE PLACARD

Mon engagement d'aumônier a failli prendre fin le 2 mars 2013. Comme cela existe dans d'autres milieux professionnels ou associatifs, j'ai connu des difficultés relationnelles et des conflits au sein de l'association chrétienne dans laquelle j'exerçais mon activité auprès de la jeunesse sportive. Ces relations conflictuelles ont eu un impact très fort sur mon moral. Je me sentais extrêmement découragé et parfois incompris. La situation était telle que j'avais besoin de changer d'environnement. J'ai postulé à Décathlon comme vendeur. J'avais repris ma formation fédérale d'entraîneur de football dans l'idée de trouver un poste d'entraîneur en parallèle et j'allais à contrecœur tirer un trait sur cette belle vocation d'aumônier. La tension financière s'ajoutait aux difficultés car lorsqu'on est aumônier, on ne cotise pas pour le chômage et les ruptures conventionnelles n'existent pas. Chaque jour sans travail est un jour de perdu pour boucler la fin du mois et je craignais pour ma famille. Malgré mes tentatives, Décathlon n'a pas retenu ma candidature pour le poste en question. Qu'allais-je faire ? Quelle était ma mission sur cette terre ? Au cœur d'un temps de prière j'ai reçu la conviction que cette porte fermée par une grande enseigne de sport était une forme de réponse de la part de Dieu. Il avait d'autres projets pour moi. Je ne souhaitais abandonner ni la foi ni le monde du sport. Si j'étais sur le point de jeter l'éponge en ce qui concerne mon engagement au sein de cette association chrétienne, ma vocation, elle, n'était pas pour autant en cause. Ma vocation est plus grande qu'un emploi et qu'un titre. Cette période a été bénéfique pour épurer mes aspirations les plus profondes afin d'être motivé par l'amour de Dieu, pour être au service du monde qui m'entoure.

Je dois dire que les événements que j'ai vécus pour en arriver à ce point de rupture sont malheureusement assez communs. Après quelques années de recul et de réflexion, je comprends aujourd'hui que j'ai régulièrement subi des abus d'autorité de la part de mon supérieur hiérarchique, le directeur de l'association. Si j'ouvre ce chapitre douloureux de ma carrière d'aumônier, ce n'est pas pour accabler les personnes en cause avec qui une démarche de pardon a été entamée, mais pour aider ceux et celles qui traversent les mêmes tempêtes dans leur vie. Je peux témoigner que Dieu ne nous abandonne jamais malgré les crises. Comme disait Paul Claudel : « Dieu n'est pas venu supprimer la souffrance. Il n'est même pas venu l'expliquer, mais il est venu la remplir de sa présence. » Je peux aussi affirmer que le pardon libère, celui reçu d'en haut et celui que l'on communique aux autres. Il s'offre par don sans attendre que l'autre change. J'ai réalisé que nous n'avons pas le pouvoir de changer l'autre. Cependant, de toute crise, nous pouvons ressortir amer ou meilleur. J'ai connu des phases d'amertume mais aussi de libération. Cette épreuve m'a rendu plus intime avec mon Créateur.

Au moment des faits, Emily et moi vivions à Lyon. Nous étions loin de nos familles. En 2006, nous avions quitté nos proches pour que je puisse exercer ma vocation dans une association réputée. Ce fut une belle saison d'apprentissage et j'ai eu la chance de porter de multiples responsabilités pour faire avancer l'accompagnement spirituel auprès des sportifs en France. Toutefois des divergences organisationnelles grandissaient avec mon directeur. Nous étions venus à Lyon pour un temps de formation mais ce temps s'éternisait. À partir de 2009, avec Emily les choses étaient devenues claires : nous voulions retourner dans l'ouest de la France, pour retrouver nos proches et pérenniser le réseau de sportifs que nous avions tissé depuis notre départ. Lorsque j'ai annoncé la nouvelle à mon directeur, celui-ci m'a rétorqué : « Tant que Dieu ne m'aura pas dit que vous devez partir de Lyon, vous resterez ! » J'ai reçu ces mots comme un coup de massue. Ma seule porte de sortie venait de se fermer et je me suis alors senti comme pris au piège. Cette attitude lui semblait légitime au regard des objectifs qu'il prévoyait d'atteindre avec le concours de mes compétences, mais c'était de fait une prise en otage, une forme de tyrannie, un excès de contrôle inacceptable.

Dieu n'est pas tyrannique, Il nous aime, et cet homme, ce frère dans la foi, était allé au-delà des limites que je devais tolérer. Mais il me fallait encore apprendre à dire non, à poser des limites. Il ne pouvait pas, au nom de Dieu, dicter ce que je ferai de ma vie. Malheureusement ce type de posture autoritaire « au nom de Dieu » n'est pas rare dans les milieux religieux de toutes sortes et nous devons encore faire de la prévention et de la formation à ce sujet. Les hommes, croyants ou non, restent des hommes…

Un choix s'imposait donc à nous : subir, fuir ou avoir le courage de faire face à la situation. Toutes ces années de tensions avaient fait remonter à la surface le traumatisme que j'avais vécu avec mon propre père lors de ma scolarité et je peinais à trouver la confiance pour faire face sereinement. Finalement début 2011, le directeur m'a donné le feu vert pour partir à Rennes. Nous déménageons l'été de cette année, pour continuer à travailler au sein de la même association. Ce fut un soulagement. Mais au fond, nous n'avions pas réglé le problème. J'obtenais juste une forme de liberté géographique. J'étais tellement passionné par ma vocation que je me suis donné corps et âme sans compter mes heures. Cependant, j'ai réalisé que je mettais en danger ma santé mais aussi mes compétences. Je faisais trop de choses car j'étais efficace et compétent, mais je n'avais plus de temps pour les choses qui me faisait vibrer : accompagner des sportifs, rencontrer de nouvelles personnes et parler de spiritualité en lien avec la pratique sportive. J'ai réalisé que mon directeur ne me faisait pas confiance pour certaines missions qui me tenaient à cœur. La confiance étant brisée, il m'était difficile de communiquer. J'ai notamment adopté un réflexe dans lequel beaucoup de personne tombent : la triangulation. Les psychologues parlent du fameux triangle de Karpman : victime, persécuteur, sauveteur. Il s'agit pour celui qui se voit comme victime de trouver des soutiens à sa cause pour dénoncer l'injustice. J'ai moi-même essayé de chercher de l'aide mais de manière inappropriée. Cette prise de conscience m'a amené à me protéger d'un burn-out certain. J'ai demandé que l'on mette un coup d'arrêt radical à certaines manières de travailler bien en place dans le fonctionnement de l'association. Entre-temps, lors d'une médiation avec mon directeur nous avions pu revenir sur l'abus d'autorité qu'il avait reconnu. Ce fut un grand soulagement. J'ai mis en garde contre le risque de burn-out au sein de l'association. J'ai tiré la sonnette d'alarme. Malheureusement, le directeur a assumé lui-même les responsabilités dont il m'avait déchargé au lieu de les déléguer à d'autres, et cela a conduit à son propre burn-out. Il en a résulté une réorganisation conjoncturelle et j'ai été mis au placard. Étant donné mon leadership influent, ma hiérarchie m'a demandé de quitter mon rôle au sein du conseil d'administration. Le plus dur pour moi était la culture du silence qui entourait cette décision. C'est aussi ce silence qui fut difficile à vivre pour mes amis au sein du conseil d'administration et plus largement pour ceux qui étaient actifs dans l'association. Cela faisait déjà quatre ans que la situation durait. En mai 2014, j'ai alors demandé une médiation de conflits, j'avais besoin d'être accompagné par un médiateur d'une association spécialisée dans le soutien psychologique des pasteurs qui proposait des bilans de compétence (le RESAM). J'ai appris à lâcher prise, à grandir dans ma confiance en Dieu et à vivre le meilleur au sein de cette épreuve. Ce fut une étape de croissance dans ma vie. Finalement, cette mise au placard a été essentielle à mon cheminement. Dieu a effectué en moi un travail en profondeur, un travail de guérison intérieure aboutissant à une réorientation de ma vocation. À cause de cette blessure vécue dans l'adolescence, j'avais forgé une carapace. Je ne laissais pas entrevoir mes failles et je m'isolais dans mes difficultés. La seule personne auprès de laquelle je pouvais réellement me confier était Emily, mon épouse, mais même avec elle j'avais du mal à ouvrir tout mon cœur. Si je devais accompagner des joueurs en crise, il fallait d'abord que j'apprenne à gérer les miennes afin de développer ma propre compassion, ainsi que la bienveillance et la capacité à prodiguer des conseils pratiques pour eux. Je suis notamment passé par l'écrit pour revenir sur des situations avec mes parents, pour leur dire que je les aimais. Dans ma famille, comme dans beaucoup d'autres, on a du mal à se dire « je t'aime ». Le footballeur Anelka l'évoque très bien dans son documentaire *L'incompris* sur Netflix. Je crois que c'est un mal de ma génération, né dans les années 1980. Nos parents avaient eu du mal à nous dire qu'ils nous aimaient. Au cœur de mon conflit avec mon père, je me suis identifié au groupe NTM qui exprimait cette révolte face à une quête du bonheur. JoeyStarr cherchait l'approbation de son père. Le titre « Laisse pas traîner ton fils », résonnait en moi, lorsque j'écoutais la puissance de ces paroles : « ne le laisse pas chercher ailleurs, l'amour qu'il devrait trouver dans tes yeux. »

Désormais, je sais qu'ils m'ont manifesté à maintes reprises leur amour, mais pas par le langage verbal. Pourtant un enfant a besoin de mots, la parole est un puissant moyen de manifester l'affection. On déclare souvent qu'il n'y a pas d'amour mais seulement des preuves d'amour, qu'il ne suffit pas de dire « je t'aime » mais qu'il faut le montrer. Il y a du vrai dans cet adage mais dire « je t'aime » est une preuve d'amour dont on ne devrait pas se passer. Il m'est impossible de ne pas dire « je t'aime » à mes enfants au moins une fois par jour. Mes enfants, à leur tour, le disent naturellement à leurs grands-parents. Les éléments culturels ne sont pas négligeables. Il y a toujours cette forme de pudeur chez mes parents. Mon épouse, d'origine anglaise, n'a pas la même expérience. Elle et sa mère ne se quittent pas sans un « love you ». Cela devient même un peu routinier, comme nous dirions peut-être « bisous », cela n'a pas la même force et la même portée mais cela compte pour elles assurément. Mes parents m'expriment leur amour en me rendant des services et en m'offrant des cadeaux. Il n'est pas rare qu'ils viennent à la maison avec de bonnes pâtisseries dont je raffole tant.

Cet accompagnement avec le RESAM a duré un an et m'a permis de mettre des mots sur les choses enfouies, par peur, par réflexe, par pudeur. Un autre abus que j'avais vécu et dont je n'avais jamais pu parler à quelqu'un est alors remonté à la surface, une forme d'abus dans ma sexualité. Lorsque j'étais en CM2, un de mes voisins en sixième est venu me chercher un mercredi en fin de matinée pendant que ses parents étaient au travail. Il m'a montré une de ses trouvailles : un film pornographique. Je n'avais jamais vu de femmes nues et c'était la première fois que je voyais des personnes avoir des relations sexuelles. J'étais sous le choc. Je n'avais pas demandé à voir cela et pourtant cela avait impacté mes pensées. J'avais honte d'en parler en rentrant chez moi et j'ai donc gardé ce secret. Quelques mois plus tard, en arrivant au collège, les conversations entre copains déviaient là-dessus. C'était l'époque des K7 VHS qu'on se passait notamment dans le vestiaire de foot. Je suis rentré dans une forme de prison mentale et dans une forme d'addiction à la pornographie, mesurée heureusement, car à l'époque nous n'avions pas internet. Aujourd'hui beaucoup d'hommes luttent contre cette addiction ou d'autres qui leur font honte, et la parole reste encore le meilleur moyen d'en sortir. Ce que j'ai appris, je l'applique donc moi-même et j'accueille ce type de confessions régulièrement dans le cadre de mon travail d'aumônier. Alors que la sexualité est un cadeau donné par Dieu pour vivre une relation intime, basée sur la confiance et l'alliance à long terme, la pornographie propose un plaisir gratuit, immédiat en toute autonomie. À première vue, cette drogue semble répondre à un besoin profond, celui de l'intimité et du plaisir. Et pourtant, elle sabote les fondements mêmes de notre capacité à aimer et à être aimé. La pornographie active l'hormone de la récompense qui est secrétée par la dopamine et nous pousse à une recherche de la performance. Comment y résister ? Comment reconstruire un rapport sain à la sexualité quand le regard sur soi et sur les autres est altéré ? Cette pratique enferme l'individu dans une forme de honte. Elle étouffe toute émotion, crée des mécanismes de repli sur soi et affecte nos relations aux autres. Cet effet dopamine, je l'avais en pratiquant du sport, puis dans mon travail en me donnant à fond. Il est facile de retomber dans ce type d'addiction lorsque par ailleurs on vit des frustrations dans ces domaines. J'ai dû apprendre à trouver mon plaisir en Dieu pour ne pas le chercher de la mauvaise manière, au mauvais endroit.

Le fait d'être accompagné m'a apaisé et m'a permis d'adopter la bonne attitude. Au cours du processus de mise au placard, j'ai été convoqué pour une résolution de conflit qui m'impliquait ainsi qu'un membre de l'équipe de direction. J'étais content d'y participer pour aplanir les choses avec cette collègue. Nous devions nous rejoindre à Paris pour un rendez-vous à 9 heures. Bien que la nuit fut courte en prenant le premier TGV de 6 heures, j'arrivais avec calme et confiance, heureux qu'une réunion collaborative ait pu être mise en place pour trouver une solution. Mais, à ma grande surprise, la personne avec qui j'étais en conflit n'était pas présente au rendez-vous. Il y avait uniquement le responsable des ressources humaines et mon N+2 qui s'était érigé en médiateur. Il avait décrété de son propre chef que le problème c'était moi et il n'y avait donc pas besoin de faire venir l'autre personne. J'ai alors fait face à un déferlement d'accusations et de mensonges sur ma vie sur la base d'hypothèses, d'intuitions, de perceptions à la Sherlock Holmes. J'aurais aimé parler des faits, donner ma version et écouter celle de ma collègue pour peser collectivement les choses. Malgré tout, je suis resté serein, animé par une forme de paix surnaturelle. Le responsable des ressources humaines a d'ailleurs été surpris par mon calme.

Ce rendez-vous à des centaines de kilomètres pour une résolution de conflit entre deux parties s'était transformé en procès d'intention à sens unique. C'était un nouvel abus. J'ai décidé de pardonner. Quelques semaines plus tard, en adulte responsable, j'ai demandé à parler au N+2 pour lui faire part de la manière dont j'avais vécu ses propos. Il m'a immédiatement demandé pardon. Bizarrement toutes ses théories fumeuses me concernant avaient disparues. J'ai malheureusement appris quelque temps plus tard qu'il passait lui-même par une situation personnelle très douloureuse. Il avait certainement dû faire un transfert entre ses difficultés personnelles et ma propre situation. Il n'était pas apte à gérer ce conflit. Heureusement, un autre rendez-vous a pu avoir lieu avec cette collègue afin de clarifier nos situations. Je suis parti en paix. Les pasteurs de mon église locale à Rennes m'ont soutenu pendant cette période douloureuse. Ils ont reconnu mes dons, mes compétences et ma vocation, et m'ont proposé d'intégrer l'équipe pastorale de l'église, tout en me libérant du temps pour mes missions d'aumônerie.

Aujourd'hui, j'entretiens des relations cordiales avec mes anciens collègues et nous sommes amenés à travailler à nouveau ensemble sur certains projets. La réconciliation est possible lorsque chaque partie cherche une communication bienveillante, apaisée et que chacun peut trouver son espace de travail. Tout ce travail douloureux sur moi-même a été aussi formateur dans l'accompagnement des sportifs. Car la gestion des conflits ou la notion de confrontation est très compliquée dans le monde du sport. Aujourd'hui, nous découvrons différentes formes d'abus d'autorité qui ont malheureusement débouché sur des abus sexuels. Dans certains cas, l'entraîneur est l'autorité suprême qui peut tout se permettre. Dans le basket-ball par exemple, j'ai constaté que certains entraîneurs toxiques hurlaient et insultaient des joueurs. Une fois, c'est la mère d'un jeune basketteur espoir qui m'a fait part de la pression et de la violence verbale du coach envers son fils. C'est souvent l'impasse, car dire quelque chose c'est risquer sa place dans l'élite. Mais aujourd'hui, il faut dire stop. Si un jeune doit réussir dans le sport, ça ne sera pas au détriment de son développement holistique. Quelque temps après être sorti de ce placard, ayant fait le choix de sortir d'un environnement toxique, j'ai rencontré plusieurs sportifs qui avaient vécu des situations conflictuelles soit avec leur entraîneur, soit avec le directeur sportif, soit avec le président de leur club. Trop d'entraîneurs ou de dirigeants utilisent leur position pour écraser et dominer les autres. Je me rappelle avoir accompagné un footballeur qui avait signé un contrat de trois ans dans un club de Ligue 2. Les deux premières saisons se passaient bien pour lui mais à l'issue de la deuxième saison, l'équipe est rétrogradée en National. Le joueur a demandé à partir pour rester et évoluer en Ligue 2 dans un autre club. Le président l'a très mal pris et a bloqué le joueur pendant un an. Il n'a pas joué, même pas en équipe réserve. Il avait juste le droit de s'entraîner. Il avait vingt-trois ans, et il devait gérer cela seul, son agent n'a pas bougé pour lui. Le joueur a préféré subir la situation plutôt que de prendre un médiateur pour gérer ce conflit.

Dans un club de Ligue 1, un joueur de vingt-cinq ans a subi la même chose, il avait beau être bon à l'entraînement et être meilleur que certains, ça ne changeait rien. Son problème était d'être avec un agent que l'entraîneur ne pouvait pas encadrer. Résultat : il est resté six mois sans jouer avant de pouvoir trouver une porte de sortie pendant le mercato d'hiver. Ce joueur avait une femme et un enfant donc cela a été compliqué à gérer. Sans compétition, il manquait tellement de dopamine et d'adrénaline qu'il a commencé à les chercher dans une nouvelle conquête. Heureusement, il a pu me le confesser assez tôt et sortir de ce piège qui aurait détruit sa famille.

Un autre joueur dans un grand club européen de football a dû faire face à un changement soudain d'attitude de la part de son entraîneur : sa manière de lui parler s'est dégradée et il s'est mis à ne plus le faire jouer. Je l'ai encouragé à prier pour son entraîneur, à dire du bien de son travail, à chercher la relation. Il aurait sûrement voulu que je prenne sa défense. C'est un véritable combat intérieur, lorsqu'on a été déçu, de pouvoir pardonner et rétablir la relation. C'est un véritable défi dans l'Église, dans le monde de l'entreprise, comme dans les clubs de sports. Notre société manque de formation, d'accompagnement à la gestion de conflits et à la sortie de crise. Il y a, dans le monde du sport, de gros enjeux financiers, des transferts, des commissions occultes qui viennent parfois brouiller les pistes. Des histoires comme ça, j'en ai à la pelle. Les sportifs m'appellent régulièrement pour me confier leur situation quand ils sont mis au placard. Dernièrement, un joueur de basket de vingt ans a quitté sa famille pour démarrer dans un nouveau club loin de chez lui. Au bout de deux mois, le club rompt son contrat. C'est le retour à la case départ, sans rien. Un autre sportif a joué tous les matchs pendant la saison. Son contrat arrivait à échéance. Le joueur ne voulait pas prolonger car il estimait avoir fait une bonne saison et pouvait prétendre évoluer un niveau au-dessus. Le directeur sportif a fait passer la consigne au coach de le bloquer pour les six derniers matchs de la saison. En conséquence, les clubs intéressés par le joueur, voyant qu'il ne jouait plus, ont paniqué et ont tenté de comprendre la situation. Le club avait fait circuler le mensonge selon lequel le joueur avait eu une mauvaise attitude au sein du club et qu'il avait été suspendu. Ce dernier l'a découvert quelques mois plus tard, par un de ses anciens entraîneurs qui cherchait à le recruter et qui voulait avoir sa version. Voilà aussi le monde pervers du sport qui empêche des sportifs de pratiquer leur passion avec plaisir !

Un grand footballeur comme Adebayor a fait part, dans un documentaire sur Canal+, de son envie de suicide après que sa famille lui a demandé de lui reverser la quasi-totalité de son salaire. Je pense aussi à ce jeune footballeur parti trop vite en Premier League d'Angleterre, qui a grillé des étapes et a enchaîné les blessures, à cause de problèmes psychologiques auxquels s'est rajoutée la culpabilité parce qu'il trompait régulièrement sa femme lorsqu'il partait en stage de mi-saison avec ses coéquipiers. Ce joueur a découvert la foi chrétienne au milieu de sa descente aux enfers. Il ne jouait plus à cause de ses blessures à répétition, vivait dans le mensonge à cause de ses multiples adultères. Au fond du gouffre financièrement et mentalement, il a plongé dans la dépression… Il a alors retrouvé une bible offerte par un de ses proches quelques mois plus tôt. Il s'est mis à lire les psaumes et est tombé sur le Psaume 51 : celui qui parle de l'adultère du roi David et de sa remise en question. Il s'est ensuivi un long chemin de délivrance intérieure opéré par Dieu. J'ai eu la joie d'être mis en contact avec lui lors de son retour sportif alors qu'il signait un an dans un club de National du sud de la France, pour se relancer. Comme il arrivait de Premier League, son 4x4 anglais rutilant dénotait au milieu des voitures plus ordinaires des joueurs du vestiaire et il a été pris en grippe par les gens du club. Peut-être a-t-il manqué d'humilité… Il a fini lui aussi la saison au placard. Grâce à son agent, il a retrouvé un club en *League Two* en Angleterre. J'ai eu l'occasion d'aller lui rendre visite à son domicile en présence de son épouse. Nous avons pu passer le week-end ensemble. Elle a vu le changement chez son mari et elle avait des questions sur la spiritualité chrétienne. Lors d'un dîner, elle me raconta des anecdotes «*people*» de grands joueurs passés par l'équipe de France, ayant évolué à Manchester où ils se retrouvaient dans des boîtes de nuit au caractère échangiste… Ils n'ont que vingt ans lorsqu'ils sont propulsés dans un monde dont ils ignorent les codes. Eux-mêmes ne pratiquaient pas l'échangisme mais, jeunes et naïfs, ils ont suivi le mouvement en acceptant cet environnement où des gens ont des relations sexuelles dans la même pièce qu'eux, là où coule à flots l'alcool au rythme de musiques endiablées. Drôle de monde! Ils découvrent la vie de strass et de paillettes… Certains clubs anglais aiment bien partir en stage dans les pays d'Europe de l'Est où les « bordels » sont malheureusement autorisés. Cette jeune épouse plaisante aujourd'hui sur le fait que son mari l'a trompée plusieurs fois, plusieurs années avant. J'en suis étonné. Cela semble banalisé dans le milieu. Lorsque cet homme a découvert l'Évangile, il a tout confessé à sa femme. J'ai même été témoin de ses confessions. Il lui a demandé pardon, il a reconnu ses erreurs et cherché à s'améliorer pour son couple. Il savait qu'il revenait de loin, qu'il avait vécu dans le mensonge permanent, et qu'il possédait un ego surdimensionné. Il s'est mis à travailler sur son caractère, à se battre pour développer une véritable humilité devant Dieu, et pour être un mari aimant. Au moment de notre rencontre, leur couple semblait avoir traversé l'épreuve de l'adultère mais je sentais que la foi active de son mari la dérangeait. Face à l'adultère, elle aurait pu légitimement demander le divorce, mais elle a choisi de rester en couple. Avait-elle pardonné à son mari ? Après avoir connu une période de placard dans le football, ce trentenaire allait connaître la même chose au sein de son couple, lorsque son épouse a commencé à prendre de la distance au cours d'un mercato estival qui l'amenait à un énième déménagement. Malgré la distance, cet ancien coureur de jupons est resté fidèle. Quelques mois plus tard, elle lui fait part de son désir de séparation. Paradoxalement, elle a invoqué comme raison la foi chrétienne de son mari devenue trop prégnante. En realité dans sa quête spirituelle, elle était attirée par l'islam. Deux ans après, malgré les efforts que son mari me confessait, elle a préféré demander le divorce, choisissant de partir avec un autre footballeur, de confession musulmane. Ce dernier était-il devenu trop pressant pour qu'elle se convertisse à son tour ? Toujours est-il que notre homme repenti a vécu cette séparation comme une forme de rejet de sa foi. C'est humainement difficile à vivre, mais la Bible n'est pas sans ressources face à cette épreuve. Le conjoint non-chrétien a la liberté de demander la séparation et le conjoint chrétien a le devoir d'accepter cette rupture[1].

Un autre joueur m'a dit un jour une phrase qui m'a marqué : « Tu sais dans ce monde du football, aujourd'hui, plus tu es pourri et pervers, plus tu as de chances de réussir. Pour nous les chrétiens, c'est très compliqué car on veut marcher dans l'intégrité. » Malheureusement comme pour attester cette triste réalité, un footballeur africain m'appelle pour m'annoncer avec fierté qu'il a été présélectionné en vue des matchs préparatoires à la Coupe d'Afrique des Nations en 2022 au Cameroun. Quelques jours après, il m'explique qu'il n'a pas été pris car il a refusé de payer un dessous-de-table. Je suis devenu le témoin de la difficulté ressentie par de nombreux joueurs d'être mis au placard pour des raisons sportives, relationnelles, ou stratégiques parfois justifiées et parfois beaucoup plus injustes. Je tire de mon expérience et des sages conseils de la Bible des moyens de les aider, au-delà des crises, par-dessus les nombreuses tentations du milieu, et au cœur de leur intimité. C'est à la fois un privilège et une responsabilité que je mesure. J'ai pour objectif de les aider à bâtir une relation solide avec Dieu, avec les autres mais aussi avec eux-mêmes, comme j'ai appris à le faire pour moi. Je reste optimiste et m'investis pour qu'un changement de mentalité soit effectif pour un monde du sport plus juste et bienveillant !

1. Première Épitre de Paul aux Corinthiens, chapitre 7, verset 15 : Si le non-croyant veut se séparer, qu'il le fasse ; le frère ou la sœur n'est pas lié dans un tel cas. Dieu nous a appelés à vivre en paix.

Chapitre 7

DE L'ACCOMPAGNEMENT SPIRITUEL À L'AMITIÉ

> Un ami aime en tout temps et,
> quand survient l'adversité,
> il se révèle un frère.[1]

Mercredi 8 janvier 2020, il est 20 h 30, les enfants sont couchés. J'ai ouvert ma meilleure bouteille de vin rouge, un Saint-Émilion de 2014, en l'honneur de nos invités. Avec mon épouse, nous avons préparé un Mont d'Or, souvenir de nos années lyonnaises et de ses fameuses spécialités dans les petits « bouchons ».

J'aime connecter les sportifs entre eux pour qu'ils s'encouragent mutuellement sur leur chemin de foi. Nous recevons David Alcibiade, ex-joueur du FC Nantes ainsi qu'Aurélien Collin, footballeur professionnel depuis dix ans en Major League Soccer (MLS) aux États-Unis. Quand il n'est pas là-bas, il vit au Venezuela, le pays de son épouse. Aurélien n'a pas souvent l'occasion de manger à la française. Il est en vacances, il peut profiter davantage de bons mets.

1. Proverbes, chapitre 17, verset 17.

Il est venu dix jours pour partager son expérience et sa vie spirituelle en France et en Tunisie. D'ailleurs ce soir-là, après avoir mouillé le maillot avec les collégiens et partager notre passion pour le Christ, l'heure est aux réjouissances !

Aurélien m'a encore dit à la fin de la saison 2021 : « Après ma carrière, si j'ai un bon vin et mon jambon, je suis bien – au Venezuela j'ai appris à ne manger qu'une fois par jour ».

David joue en National 2 à l'US Saint-Malo à 45 minutes de chez moi. Le monde professionnel s'éloigne progressivement et avec lui, les restrictions drastiques qu'il a connues les quinze dernières années passées en haut niveau.

Dans mon salon, ce ne sont pas deux footballeurs qui parlent de performance et qui peuvent se jauger du coin de l'œil mais bien deux frères qui apprennent à se connaître !

Aurélien et David font aujourd'hui partie de mes amis proches. Notre relation dépasse celle du mentorat. Au cours de cette soirée, je m'évade et je me remémore le chemin parcouru avec mes nouveaux amis !

J'ai en mémoire le dernier match en Ligue 1 de David avec le FC Nantes. Un de ses rêves était de pouvoir jouer en Ligue 1 dans le stade de La Beaujoire à Nantes. Je l'ai accompagné dans ses galères de footballeur. Je me rappelle les longs appels à l'écouter, parfois à le consoler car sa carrière ne décollait pas. David a toujours été quelqu'un de très positif et de confiant dans la théorie mais pas toujours dans la pratique. Je me rappellerai toujours des mots d'un de ses coéquipiers le décrivant dans le vestiaire lorsque Michel Der Zakarian (entraîneur des pros du FC Nantes) faisait appeler des joueurs de la réserve en renfort : « David, il baissait la tête et il croyait que le coach allait l'appeler ! Ça ne marche pas comme ça, tu dois montrer que tu as envie ! » Cette découverte m'a permis de travailler avec David sur ses croyances et sur ses réalités. Il est facile de dire « je fais confiance à Dieu » mais de l'autre côté, plus compliqué de manifester cette confiance en s'affirmant, tout en humilité, certes, mais en faisant preuve de caractère. David n'arrêtait pas de me partager son rêve de jouer plus haut. Je l'ai donc encouragé à s'affirmer, à prendre des risques, à faire des pas de foi, à sortir de sa zone de confort ! C'est ce qui l'a conduit à quitter le FC Nantes pendant un an pour aller jouer en Espagne. Cette expérience lui a fait le plus grand bien. La découverte d'une nouvelle langue, d'une nouvelle église, d'une nouvelle culture. Cela a été un temps rafraîchissant pour lui, malgré d'autres galères. Plusieurs fois le téléphone a chauffé. David a découvert les retards de salaires, les failles de son contrat espagnol, la résiliation abusive à la mi-saison, la signature en dernière minute du mercato en quatrième division espagnole, la proposition de corruption lors d'un match de Troisième division espagnole. La tentation est grande quand on est en galère d'argent et qu'on propose à plusieurs joueurs du vestiaire de perdre un match pour 2 000 € chacun, au profit de parieurs en ligne ! David me l'a confié et m'a demandé conseil pour savoir comment gérer cela. « Celui qui marche dans l'intégrité marche en sécurité, mais celui qui emprunte des voies tortueuses sera découvert[1]. »

Je lui ai expliqué que les conséquences pourraient être désastreuses pour sa carrière et ses coéquipiers et qu'ils devaient les prévenir du danger ! Car ceux qui trinquent ce sont souvent les joueurs et rarement les mafias qui sont derrière. Finalement, David a pu déjouer cette embûche et expérimenter un principe divin : « Dieu tient le succès en réserve pour les hommes droits, il est un bouclier pour ceux qui marchent dans l'intégrité[2] ». Car contre toute attente, à la fin de la saison, il a signé à nouveau au FC Nantes mais avec une nouvelle mentalité. Pour ma part, cela a été quasiment un accompagnement au quotidien comme coach spirituel mais aussi comme préparateur mental. Alors que personne n'attendait David, il a réussi à partir en stage avec l'équipe de Ligue 1 coaché par le grand entraîneur Claudio Ranieri. À ses côtés, nous avons tout mis en place pour que David n'ait aucun regret et qu'il puisse atteindre son rêve de jouer en Ligue 1. Cela a commencé fort puisque dès le premier match de la saison, il faisait les titres des journaux pour être pressenti comme titulaire face au LOSC, son club formateur. Il venait de jouer titulaire la semaine précédente contre un club de Premier League. Dans le football tout peut aller très vite, dans un sens comme dans l'autre. Trois mois avant, David végétait en quatrième division espagnole. L'histoire était trop belle ! Finalement, David resta sur le banc. Petit coup

1. Proverbes, chapitre 10, verset 9.
2. Proverbes, chapitre 2, verset 7.

dur. Mais en même temps, premier banc en Ligue 1, ça se célèbre aussi ! Il faut rester focus sur l'objectif, ce n'est pas le moment de baisser les bras. Deuxième match de la saison, déplacement à Troyes, Léo Dubois est blessé. C'est l'opportunité pour David de briller. Première titularisation et première passe décisive sur un magnifique centre pour le regretté Emiliano Sala. David a fait une grosse impression. En coulisses, Léo Dubois s'active pour revenir plus vite que prévu. David reprend sa place sur le banc, il rejouera en Coupe de la Ligue et contre Strasbourg pour un sauvetage héroïque dans le stade chaud bouillant de la Meinau. Leurs supporters se demandent encore comment le ballon n'est pas rentré dans le but ! David est métamorphosé. Il prend de l'assurance sur le terrain, comme dans sa vie personnelle. En février, David m'appelle. « Joël c'est bon, je suis titulaire. Viens avec toute la famille, je vous ai réservé les places dans la loge famille. » Quelle fierté de vivre ce grand moment avec David ! Il fait un match correct en défense centrale. J'avais reçu la conviction, trois ans auparavant, en présence de son père, qu'un jour David jouerait en Ligue 1 comme leader de la défense. Ce jour était là. J'avais aussi aujourd'hui cette conviction à l'issue de cette saison, que cela serait sa dernière au plus haut niveau, mais ce n'était pas le moment de lui partager. Le temps voulu, j'ai encouragé David à préparer sa reconversion, notamment en passant un diplôme universitaire dans le domaine de la communication, lorsqu'il a signé en National 2. J'étais fier de voir David décrocher ce diplôme, lui qui s'était arrêté au baccalauréat, et de le voir mettre en place son projet de reconversion tout en alliant le football comme complément d'activité. Beaucoup de gens ignorent que certains joueurs évoluant en Ligue 1 comme David sont payés le minimum syndical[1]. Il est important dans l'accompagnement de les conseiller pour préparer la suite de leur carrière. Car malgré tous les sacrifices auxquels David a consenti, nombreux sont ceux qui comme lui n'ont pas pu investir tôt dans l'immobilier ou avoir une épargne conséquente pour se mettre à l'abri, une fois leur carrière finie. Quand on est dans le système du football professionnel depuis l'âge de douze ans, c'est comme une petite mort lorsque tout s'arrête autour de trente ans. Cela peut être subi comme une double sanction : arrêter sa passion et ne pas être rentier du fruit de sa passion.

Voilà pourquoi ce soir-là, avoir David à mes côtés dans mon salon me conforte dans mon rôle d'accompagnateur sur le long terme, quels que soient les réussites et les échecs souvent nombreux dans ce monde hyper-compétitif.

Intérieur Sport

Ma première connexion avec Aurélien était dans le même salon, sur le même canapé mais il était de l'autre côté de la TV. C'est assez incroyable ! Cela remonte à décembre 2013, en regardant l'un de mes programmes préférés, « Intérieur sport », sur Canal+.

1. Charte du football professionnel, article 759.

Ce sont des reportages sur la vie de sportifs de haut niveau qui nous partagent leur intimité. *Intérieur Sport* aura été une source d'inspiration à tel point qu'en 2011, je me suis lancé le défi de créer la série de documentaires *Esprit Saint, Corps Saint* sur les sportifs et leur rapport à la foi. Aurélien figure dans le troisième opus.

Ce jour-là devant ma télévision, au milieu du reportage évoquant la préparation de Kansas City pour la finale de la MLS Cup, je découvre la spiritualité récente d'Aurélien ainsi que l'apogée de sa carrière avec cette double consécration, champion de MLS et meilleur joueur de la finale. Je ressens en lui une recherche sincère de Dieu sans certitude complète. Ce n'est pas la première fois que je suis touché et interpellé par le parcours de grands sportifs. La dernière fois c'était lors d'un autre reportage d'*Intérieur Sport* avec Jonny Wilkinson, rugbyman international anglais ayant évolué au Racing Toulon. Je me rappelle avoir fini en larmes, ému de compassion par son tiraillement intérieur lié à sa quête de performance. Quelques mois plus tard, je me suis procuré son livre *Mémoires d'un perfectionniste* et je me suis rendu compte à quel point ce perfectionnisme le rongeait de l'intérieur jusqu'à ce qu'il vienne chercher des solutions dans le monde spirituel. Pour sa part, c'est dans le bouddhisme qu'il s'est réfugié. Je prie qu'un jour, si Dieu le veut, je puisse rencontrer Jonny et lui partager l'amour de Christ pour lui comme réponse à son perfectionnisme !

Aurélien étant français, je prends l'initiative de le contacter sur Twitter pour lui faire part de mes encouragements d'avoir osé parler de son parcours spirituel !

À ma grande surprise Aurélien me répond et nous commençons à échanger sur sa foi naissante. Je découvre une personne qui ne se prend pas pour une star et qui est ouverte à la discussion. Il se dévoile et me raconte les coulisses de l'après-départ des caméras de Canal+. Après la célébration du titre de champion des États-Unis, Aurélien vivra un déclic spirituel !

Il me précise qu'il est accompagné par un pasteur aux États-Unis. Il ne connaît pas les Églises évangéliques en France. Il a hâte de découvrir ce qui se vit en France ! Il me pose aussi des questions sur le travail d'accompagnement spirituel qui se fait auprès des sportifs francophones. Malgré le décalage horaire de sept heures avec les États-Unis, il a déjà eu l'occasion de participer à quelques études bibliques que j'anime avec d'autres footballeurs français évoluant en Europe. Aurélien se fait une joie d'y participer. J'apprends à mieux connaître sa foi mature à travers de très belles discussions théologiques. Il a un vrai désir de témoigner publiquement de sa foi ! Les témoignages de sportifs chrétiens français sont très rares. Il y en a beaucoup plus chez les joueurs américains, africains ou sud-américains que français. On réduit souvent la spiritualité dans le sport à un contexte culturel. Pour combattre ces clichés, j'accompagne Aurélien dans l'enregistrement de son témoignage en décembre 2015 pour la sortie du DVD *Hors Je*, en vue de l'Euro 2016 qui se profile en France. Cela tombe bien, le championnat de MLS se joue de février à novembre et Aurélien a deux mois de congés pendant lesquels il peut quitter les États-Unis pour se rendre en Europe.

Avec Olivier Giroud au Gala de soutien aux chrétiens persécutés, le 19 mai 2019.

Chez Olivier Giroud, à Londres pour la préparation du Magazine *Jésus*, le 20 mai 2019. ©Magazine Jésus

Prise en charge de l'entraînement de l'Académie de football Njalla Quan à Limbé au Cameroun.

Présentation du documentaire *Ce n'était pas mental* sur le danger des pratiques occultes en janvier 2022 à l'Académie de football Njalla Quan.

L'équipe interreligieuse d'aumôniers au centre multi-foi du village olympique et paralympique de Rio en 2016.

Inauguration de la salle de recueillement au Groupama Stadium de l'OL avec le président Jean-Michel Aulas.

Rencontre de prière
chez Olivier
avec Aurélien Collin.

Dans le vestiaire de l'équipe de France,
au Stade de France.

Aurélien nous accueille dans l'appartement parisien où il réside pour le séjour. Le contact est chaleureux, il nous met à l'aise rapidement avec l'équipe de tournage. Puis il nous raconte son histoire dans une très belle vidéo vue par des milliers de personnes sur notre chaîne YouTube « Plus Que Sportifs ». En voici un extrait :

« Le 7 décembre 2013, avec mon équipe Kansas City, on a été champions des États-Unis et j'ai été élu meilleur joueur du match ! C'était la nuit de ma vie. Tout ce que j'avais sacrifié, tout le travail depuis tout petit a payé pour ce jour et donc on est champions ! Il y a la célébration comme vous pouvez l'imaginer avec tous les fans dans la ville, une grosse coupe, plein de photos et la grosse soirée *after party* où tout le monde est content… Et moi, après tout ça, après les festivités, après la célébration, moi je rentre à la maison, je suis tout seul et je sens un vide énorme. Un jour qui normalement devrait être le jour de ma vie, où je souris tout seul, où je ne pense qu'au foot. Je pense à toute ma vie. Non, je suis dans mon lit, je suis tout seul et je me dis que je ne suis même pas heureux et c'est ce jour-là où Dieu m'a vraiment dit : "Écoute c'est simple, si tu veux être heureux, si tu veux vivre bien, tu as besoin de Moi. Peu importe ce que tu fais sur terre, peu importe ce qui se passe, peu importe la Coupe, le championnat que tu vas gagner, tu ne vas jamais atteindre ce bonheur absolu, si ce n'est pas avec Moi !" Que ma vie pourrait être comblée seulement si Jésus était le centre de ma vie ! Et c'est là ce jour où j'ai vraiment compris qu'en gros, Dieu, Il me veut en entier. Parce que peut-être un soir comme ça j'aurais pu dire : "OK, c'est bon, merci mon Dieu pour cette coupe ; ce soir je n'ai pas besoin de toi, je vais célébrer, je vais faire toutes les folies. Et là non !" Aujourd'hui mon bonheur n'est plus défini par mes performances sur le terrain mais je suis comblé grâce à cet amour avec Dieu, cette relation tellement forte que j'ai avec Dieu à travers son fils Jésus-Christ ! Tous les jours je peux marcher heureux, jouer mal, me blesser, perdre, car cet amour, ce bonheur, cette joie et cette paix intérieure sont là et vivent en moi pour toujours ».

Ce témoignage d'Aurélien a eu un impact certain dans la francophonie jusqu'à toucher Olivier Giroud. Ce dernier m'a dit avoir été encouragé par l'authenticité du récit de transformation d'Aurélien ! Cette foi décomplexée lui a donné des ailes pour, à son tour, évoquer assez naturellement son amour pour le Christ lors de l'Euro 2016 dans sa chambre au château des bleus à Clairefontaine. Sa vidéo postée sur la chaîne *YouTube* officielle de la FFF a permis à des millions de fans de découvrir l'intimité spirituelle du deuxième buteur de l'histoire des Bleus. C'est assez naturellement qu'à la suite de ce partage d'Olivier, j'ai mis les deux hommes en relation et qu'en décembre 2018, Aurélien et moi-même lui avons rendu visite. Nous gardons un souvenir très chaleureux de ce jour où Olivier nous a accueillis chez lui, à Londres le long de la Tamise.

Changement de mentalité

Je me souviendrai toujours de ce mois de novembre 2017 quand Aurélien m'a sollicité pour organiser les tournées de conférences sur le sport et la spiritualité que j'anime à ses côtés ! Aurélien s'est blessé et a choisi de faire sa rééducation en France, dans le temple du football à Clairefontaine. Un mois, il m'a téléphoné :

– Joël, il faut qu'on se voie quand je reviens en France. On se fait un resto : je prends une voiture et si ça te va on se retrouve à mi-chemin entre Rennes et Clairefontaine.

– Ça marche Aurélien, je te propose qu'on se retrouve au Mans ! Il y a un Courtepaille à la sortie d'autoroute depuis Paris, c'est pratique.

Aurélien me raconte pendant ce déjeuner comment ça se passe pour lui aux États-Unis et me pose beaucoup de questions sur le développement de *Plus Que Sportifs*, le ministère auprès des sportifs de haut niveau. Il me confie :

– J'ai très envie de rencontrer les jeunes et de partager mon expérience. L'amour de Christ, c'est trop fort, je ne peux pas garder ça pour moi ! J'ai des opportunités aux États-Unis mais mon cœur est en France, tu comprends. Est-ce que tu pourrais me proposer un programme de visite ?

– C'est génial, Aurélien, je suis trop content. J'ai l'opportunité de partager ta vidéo quand je vais dans les collèges et lycées privés mais si tu viens avec moi en chair et en os, ça sera génial pour les jeunes. J'ai des propositions à Rennes et dans d'autres villes. Je peux aussi t'inviter dans des émissions de radio comme RCF. Mais le top ce serait… enfin ça dépend si tu aimes l'aventure ?

– Quoi ? vas-y dis-moi, je suis chaud, comme sur le terrain, tu connais, je vais au charbon !

– Ce serait génial si on pouvait aller visiter mon frère Mourad en Tunisie, il est président d'un club et c'est compliqué pour lui : il a quitté l'islam et il a besoin d'être encouragé car il est isolé dans le monde du foot comme chrétien. Je suis allé lui rendre visite en 2012 et il n'attend que ça de nous recevoir pour animer des stages de foot et partager nos expériences de vie.

– Ça me dit bien, on se cale ça pour décembre 2018 ou janvier 2019. Bon Joël, je ne vais pas tourner autour du pot : moi je trouve ça bien ce que tu fais et il faut que ça se développe ! Il y en a trop besoin chez nous, les sportifs ! J'ai à cœur de t'aider dans ton ministère !

Je reste sans voix, je suis à la fois touché par sa proposition mais prudent au sujet des rapports financiers que je peux avoir avec les joueurs… Je ne facture aucune de mes prestations. Tout ce que je fais est gratuit même les vidéos que l'on autoproduit et diffuse sans contrepartie. Forcément cela a un coût qui est financé par des généreux donateurs ou mécènes. Depuis 2004, j'ai fait un choix radical à la suite d'une conviction intime et forte que Christ m'a appelé à le suivre quel qu'en soit le prix. C'est sûrement pour cela que la rencontre de Jésus avec le jeune homme riche dans l'Évangile selon Luc me touche autant.

Je n'ai jamais manqué de rien quand j'étais jeune. Mon père était professeur en lycée professionnel et ma mère, nourrice agréée, après avoir travaillé dans une usine de bobinage aéronautique où ils se sont rencontrés. J'ai vécu dans une maison avec un jardin assez grand pour y jouer au foot.

Lorsque j'ai parlé à mes parents de travailler comme aumônier du sport, cela a été un petit choc.

Mais quand j'ai découvert le Christ, je n'ai jamais fait de l'argent ma priorité, sans quoi je n'aurais jamais débuté cette vocation si atypique autant pour la société que pour l'Église !

« Ce ministère n'existe pas dans la Bible », « En dehors de l'Église point de salut », « Et en plus il faudrait l'aider à le financer ! On ne va pas financer ce divertissement. »

Presque vingt ans après et à l'aube de Paris 2024, cette vocation est devenue moins rare dans l'Église mais encore trop peu connue et reconnue à sa juste valeur. Mais l'essentiel est de savoir pour qui on le fait et surtout qui nous a appelés, la finalité étant d'entendre un jour cette douce déclaration : « C'est bien, bon et fidèle serviteur, [...] entre dans la joie de ton maître. » Amen !

Je ne vais pas vous cacher qu'en 2004, lorsque j'ai pris mon bâton de pèlerin pour rechercher des financements, j'ai pris des tacles et des cartons rouges ! Ce n'était pas la priorité de l'Église d'aller vers les sportifs, de prendre soin d'eux, de leur partager un message d'espérance ! Il n'est pas rare d'entendre : « S'ils étaient si spirituels que cela, ils abandonneraient leurs terrains de sport pour venir à l'église ! »

Il y a déjà tellement à faire pour prendre soin des gens à l'intérieur de l'Église que bien souvent le souci n'est pas d'aller vers de nouvelles personnes !

Aurélien et moi, l'un comme l'autre, nous avons réalisé notre pauvreté spirituelle et que rien ne pouvait nous rendre heureux en dehors de Dieu comme l'écrit saint Augustin dans ses *Confessions* : « Tu nous as faits pour toi Seigneur et notre cœur est sans repos tant qu'il ne repose pas en Toi. »

Alors quand dans ce restaurant, Aurélien me propose gentiment de m'aider, je suis touché et déstabilisé ! Sûrement par fierté, je décline son offre car je ne veux pas que cela fausse notre relation.

Il insiste ! « Tu sais, moi j'ai à cœur de le faire, j'ai bien réussi dans ma vie, je ne le fais pas pour avoir un retour sur investissement. Ça vient du cœur ! Si t'as besoin de quoi que ce soit, si je te le propose, c'est que je te fais confiance ! Ce n'est pas toi qui me l'as demandé, c'est moi qui te le propose ! À toi de voir mais je ne te le redirai pas deux fois », conclut-il avec un petit sourire en coin.

Après un bon temps d'échange, je reprends la route pour Rennes.

« Dieu, que veux-tu me dire ? Est-ce un signe de ta part ? »

Quelques mois sont passés, sans que je donne suite à la proposition d'Aurélien bien que notre soutien financier ne soit pas au beau fixe : les donateurs ça va, ça vient, chacun gère aussi avec les aléas du quotidien.

À la même période, un chrétien burkinabé, entraîneur de football au Mali et que j'ai rencontré lors d'un voyage humanitaire en 2013 me fait part de son désir de mettre en place des camps de football pour cinquante jeunes de son secteur pendant une semaine. Il prévoit des temps d'entraînement, de matchs mais aussi de partage autour des valeurs chrétiennes. Il a besoin d'un budget de 1 000 €. Je ne les ai pas mais je trouve ça extraordinaire que l'on puisse organiser un camp d'une semaine pour cinquante enfants pour seulement 1 000 €, ce qui correspond à 20 € par enfant. J'ai organisé pendant des années des camps de sport l'été et c'était plutôt à 250 € par personne la semaine. Je suis motivé pour trouver une solution pour mon ami burkinabé. Et si je proposais cette idée à Aurélien ?

Je prends mon téléphone et je lui en fais part. Il me répond :

– Y'a pas de problème Joël ! Je t'ai dit, si tu as besoin de quelque chose tu le demandes, je suis un homme de parole ! Envoie-moi le RIB de l'association, je m'en occupe !

– Merci Aurélien, ils vont être trop contents au Mali.

Trois jours après, l'association au Mali recevait le virement et pouvait mettre en place son camp quelques semaines plus tard !

Une fois le camp terminé, mon ami m'a envoyé un rapport d'activité avec les photos que j'ai pu transmettre à Aurélien pour le remercier à nouveau de l'impact que son geste a eu à des milliers de kilomètres de chez lui.

« Merci Joël, c'est top le projet au Mali mais n'oublie pas que j'ai aussi proposé de t'aider toi et ta famille. »

Cela reste un sujet tabou, un combat intérieur avec lequel je ne suis pas à l'aise. Je ne veux surtout pas faire d'erreur. L'intégrité est une valeur forte pour moi. Je redoute ce que les gens pourraient croire des choses infondées sur ma vocation... C'est ridicule comme pensée, pourtant il y a eu des réflexions qui me sont revenues aux oreilles. Par exemple, j'ai été invité dans une église pour parler de l'accompagnement des sportifs de haut niveau et du développement des aumôneries dans les clubs de sport et les grands événements sportifs. À la fin de ma présentation, l'un des responsables lance l'invitation à l'assistance de réfléchir à comment soutenir ce travail qui ne peut perdurer sans finances. Il me rapporte qu'à la sortie de l'église certaines personnes étaient venues le voir pour lui dire : « Bah, il ne côtoie pas des millionnaires ? Ils ne peuvent pas le soutenir ? »

Il est important de clarifier un point : ce n'est pas parce que nous accompagnons des sportifs qui sont millionnaires que nous allons forcément nous-mêmes devenir millionnaires. En réalité, si un aumônier auprès des sportifs de haut niveau fonde son service sur un rapport d'intérêt financier, alors il commet une faute morale et spirituelle. L'amour de l'argent est un véritable danger. Il peut fausser des relations. Il y a eu trop de personnes qui ont chuté à cause de cela. D'un autre côté, je comprends que les gens puissent s'attendre à ce que les sportifs qui ont été fortifiés dans leur foi aient à cœur de donner alors qu'ils ont des moyens conséquents ! La question est légitime mais pour ma part, ce n'est pas de ma responsabilité de demander aux gens de l'argent.

Si d'un côté je combats fermement ce faux « évangile de la prospérité » qui fait miroiter la bénédiction financière aux croyants et dont les promoteurs cherchent à attirer des sportifs de haut niveau pour profiter de leur richesse, je suis tombé dans l'excès inverse, dans le piège de « l'évangile de la pauvreté ! » C'est une mentalité qui s'est installée dans l'Église qu'elle soit catholique, protestante ou évangélique. Comme si nous devions faire vœu de pauvreté sous prétexte d'avoir répondu à l'appel du Christ pour travailler à plein-temps dans l'Église.

Si à vingt-trois ans, lors de notre première année de mariage, ne gagner que 1 000 € par mois ne me dérangeait pas, cela devenait plus compliqué avec des enfants à charge. Je n'ai pas honte de dire que pendant nos premières années à Lyon, nous avons dû bénéficier de la banque alimentaire puis de l'épicerie solidaire de notre église. Avec le temps, Dieu a travaillé mon cœur et m'a montré combien une forme d'orgueil spirituel lié à ce misérabilisme de l'évangile de la pauvreté m'avait piégé au point que je refusais la bénédiction qu'il voulait m'accorder à travers Aurélien ! Et si Dieu voulait me bénir aussi bien matériellement que spirituellement ? Dans un des livres de la Bible, n'a-t-il pas béni Job dans tous les domaines ?

L'argent est un mauvais maître mais un bon serviteur. Jésus nous interpelle sur nos motivations car on ne peut servir deux maîtres à la fois, soit la richesse matérielle, qui apparaît dans l'Antiquité sous les traits du dieu païen Mammon, soit Dieu[1] !

Après maintes prières et réflexions, j'ai capitulé, j'ai accepté le soutien d'Aurélien ! Cet homme est le sportif le plus humble que j'ai rencontré. Il est aussi extrêmement généreux. Il a créé une fondation pour venir au secours de milliers de familles impactées par la pauvreté au Venezuela. Il est aussi très investi dans la lutte contre la persécution des chrétiens notamment en Afrique. Je peux témoigner comment Dieu a transformé sa vie. Je m'en rends davantage compte après avoir vécu plusieurs semaines avec lui à travers nos divers engagements

1. Évangile selon Luc, chapitre 16, verset 13.

missionnaires que ce soit à Tunis, à Londres, ou en France. Deux anecdotes ont marqué mon esprit.

À notre retour de Blois, j'amène notre voiture de location à la station de lavage pour la nettoyer aux jets haute pression. J'insère les jetons de lavage et active le programme, quand Aurélien me prend le pistolet et me dit : « Laisse, je vais le faire ». Plus d'un millionnaire serait sûrement resté dans la voiture, confortablement au chaud en plein mois de janvier dans une Bretagne froide et pluvieuse !

À Tunis, alors qu'on loge dans une annexe de l'église protestante qui nous accueille, il y a un grand lit et un petit lit. Aurélien me dit : « Vas-y, prends le grand lit ! »

Voilà qui est Aurélien, une star de MLS qui se comporte dans l'ombre comme un serviteur ! Quand il vient à la maison, il n'est pas le dernier pour laver la vaisselle et proposer son aide. Ce soir du 9 janvier 2020, chez nous, David en a été témoin !

Bien que j'aie pu parler précédemment d'un univers superficiel et de rencontres qui se font souvent de manière intéressée chez certains sportifs, je peux dire que j'ai aussi rencontré des personnes authentiques et au service des autres, sûrement la preuve de l'œuvre de Dieu en eux.

Assis dans mon canapé, avec David et Aurélien à mes côtés, je suis reconnaissant du chemin parcouru et des connexions divines !

Nous sommes loin d'imaginer en ce mois de janvier 2020 que nous vivons des temps précieux où nous pouvons nous voir en toute liberté ! Nous en profitons pour faire une visio tous les trois avec Olivier Giroud qui est annoncé partant pour l'Inter Milan. Il nous confirme que c'est fait, sans émettre de doutes. Il se projette avec le déménagement. Nous le félicitons. Aurélien l'encourage en lui disant que c'est un bon championnat pour lui !

La suite sera finalement toute autre…

Alors qu'Olivier a quitté l'Angleterre pour un nouveau défi en Italie au Milan AC, Aurélien a mis fin à sa carrière à l'issue de la finale de Conférence Ouest de MLS perdue contre New York City. Comme cadeau venu du ciel, Aurélien a pu jouer les quatre-vingts minutes après une saison blanche. David a pris la décision d'arrêter sa carrière après deux années de contrat fédéral dans un club de Régional 1 et après avoir raté de peu la montée en National 3. Les mois qui ont précédé l'annonce de son arrêt, j'ai été mis dans la confidence et il m'a demandé des conseils. Aujourd'hui, j'ai le privilège d'accompagner plusieurs sportifs dans leur projet de reconversion professionnelle. Le changement de style de vie est souvent violent. Du jour au lendemain, plus personne n'est autour de vous, ni le staff, ni le kiné, ni même l'agent. Le sentiment de solitude peut être grand. L'accompagnateur spirituel n'arrête pas son rôle à la carrière sportive, et encore moins l'ami !

Chapitre 8

RENCONTRE AVEC UN CHAMPION DU MONDE

Pour vivre heureux, vivons cachés.

Jean-Pierre Claris de Florian,
« Le Grillon », *Fables*, livre II, 1792

En écrivant ce chapitre, je réalise que j'ai le courriel de la mère d'Olivier depuis mai 2012 et que je ne lui ai jamais écrit pour qu'elle me mette en contact avec son fils ! C'est un de mes amis, pasteur dans l'Isère, Thierry, proche de la famille qui nous avait mis en relation. Elle avait transmis l'information à son fils Olivier qui venait de finir meilleur buteur de Ligue 1. Quelques mois après, Olivier signait à Arsenal après son premier Euro avec l'équipe de France. Sa popularité augmentait et on parlait un peu de sa foi à cause de son tatouage en latin du Psaumes 23. Thierry m'avait donné son courriel et je lui ai écrit en octobre 2013. Je n'ai jamais reçu de réponse. Puis j'ai réessayé quelques semaines après les accusations de scandales sexuels qui l'ont éclaboussé et qui ont forgé l'image que ses *haters* ont de lui. Même résultat, pas de réponse. De mon côté, je priais pour lui afin que, face à cette chute, il puisse trouver le pardon auprès de Dieu. Le temps a passé, puis un autre proche de la famille Giroud, Couly, m'a relancé deux ans plus tard pour rentrer en contact avec Olivier grâce à WhatsApp. Je lui envoyais des messages de méditations bibliques. Olivier a apprécié et finalement nous avons réussi à nous rencontrer de façon confidentielle à Clairefontaine en mars 2017. Notre première rencontre est le fait d'une invitation comme orateur d'un événement « Sport et Foi » organisé par mes amis Jean-Luc et Hans, responsables d'une sélection régionale de footballeurs chrétiens. Notre groupe est logé dans les locaux de Clairefontaine à quelques mètres du fameux château des joueurs des équipes nationales A (masculine et féminine). Fait exceptionnel, l'équipe de France est présente en même temps. Notre séjour commence le samedi matin et finit le dimanche après-midi. L'équipe est partie depuis le vendredi pour un match pour le Luxembourg, le samedi soir. Ils ne sont de retour à Clairefontaine que vers 4 heures du matin. Olivier me donne rendez-vous vers 13 heures après leur déjeuner. J'attends dans un petit salon du bâtiment de l'équipe France espoir. Il n'y a personne, je suis assis dans le canapé, quand Olivier débarque en survêtement officiel avec un grand sourire. Il est impressionnant par sa taille. Il me met tout de suite à l'aise. Nous sommes tranquilles, en sécurité, en toute confidentialité, à l'abri des regards indiscrets. Je le félicite pour son doublé de la veille face au Luxembourg. Je lui remets un livre *Au-delà de la victoire* et un DVD *Hors je* puis nous faisons connaissance. Nous ne voyons pas le temps passer. Olivier a plein de questions sur les Évangiles, sur Jésus, la Pâque juive, de ses souvenirs d'enfance à l'église. Nous partageons sur l'exposition médiatique grandissante de sa foi puis sur sa situation à Arsenal. Je me rappelle lui avoir dit : « attention j'ai un ministère pour les joueurs mis au placard, j'en accompagne de plus en plus. » Olivier a ri jaune. Cela fait déjà trois heures que nous discutons quand le chef de la sécurité, Momo, nous rejoint. Il cherchait Olivier partout. Il nous laisse encore dix minutes puis Olivier repart, il a un entraînement ouvert au public à 18 heures. Nous décidons de rester en contact. Je lui dis que je dois passer quatre semaines à Londres à l'été 2017 dans le cadre du service d'aumônerie des mondiaux d'athlétisme et para-athlétisme et que ça pourrait être une occasion de se voir. Cet été-là, Olivier est très préoccupé par sa situation en club pendant le mercato. Fin juillet, un dimanche matin, il m'envoie une prophétie qu'il a reçue d'une amie de sa mère. Il a besoin de conseils. Je le sens impatient. Je ne peux lui répondre tout de suite mais il me recontacte quelques jours plus tard pour m'inviter dans sa loge à l'Emirates Stadium pour le match Arsenal Leicester. Je peux venir avec des amis si je le souhaite. J'y invite un collègue aumônier présent avec moi aux mondiaux d'athlétisme, Linvoy Primus, ancien joueur de Premier League, ainsi que Bruno, mon ami d'enfance, pasteur à Chichester qui a fait notre bénédiction de mariage à Angers, et grand fan des Gunners d'Arsenal. Il vient avec son fils aîné Jean-Luc. Tout le monde est aux anges, sauf Olivier qui est sur le banc. Il rentre en fin de match et marque. Dans la loge, nous croisons son épouse Jennifer, nous échangeons rapidement. Il y a aussi le frère de Léo Dubois qui a été invité par l'agent d'Olivier, qui gère les affaires de Léo. Le match est fini, le stade se vide, la loge d'Olivier aussi. Nous ne le verrons pas. J'avoue être un peu déçu car plus qu'un match de football, c'est la rencontre avec l'homme qui m'intéresse. Nous gardons le contact et échangeons occasionnellement par WhatsApp. Je ne souhaite pas être insistant, je le laisse me solliciter en fonction de ses besoins. C'est à partir de son titre de champion du monde et plus précisément de son arrivée à Chelsea que nous nous voyons plus régulièrement. Nous nous retrouvons à son domicile avec Aurélien Collin car nous projetons de donner des conférences sur le sport et la spiritualité auprès de la communauté francophone de Londres et de participer à une célébration de Noël dans une nouvelle église française. Mon premier objectif est de pouvoir aider Olivier à s'intégrer dans une église pour revivre notamment des temps de célébrations collectives avec des chants de louange, comme il en avait connu lors son adolescence. Trouver une église pour une star du sport est un chemin périlleux car il faut s'assurer qu'elle pourra bénéficier de la discrétion des paroissiens et de tranquillité au sein de l'église. Je le vois aussi régulièrement lors de ses déplacements avec l'équipe de France (à Guingamp, à Nantes, à Paris) où je suis convié dans les hôtels. J'y ai salué notamment Didier Deschamps qui a connaissance de ma présence. Je mesure le privilège de pouvoir accompagner spirituellement un champion du monde comme Olivier Giroud. Sans que je l'ébruite personnellement, ma connexion avec lui s'est sue, en particulier lorsqu'il a évoqué mon rôle auprès de lui dans un magazine paroissial en Isère : l'article a circulé. De fil en aiguille, un média chrétien m'a sollicité pour une interview sur mon travail. J'ai refusé de parler de ma relation avec Olivier. Dans l'interview j'ai juste répondu à la question suivante : « Un certain nombre de joueurs, comme Olivier Giroud, n'hésitent pas à dévoiler leur foi au grand jour dans les médias. Qu'en pensez-vous ? »

Ma réponse : « C'est toujours encourageant de voir de grands joueurs parler ouvertement de Jésus, surtout quand c'est récurrent et qu'ils nous expliquent vraiment leur cheminement spirituel. Mais il faut faire attention avec les réflexes de journalistes qui présentent tel ou tel joueur comme un grand chrétien. Il y a souvent un écart important entre un joueur qui remercie Dieu après un but et celui qui est un fervent chrétien. Il y a aussi un phénomène de mode quant à l'affichage de sa foi. Derrière, il y a souvent un décalage entre le mode de vie et la connaissance biblique. Ce ne sont que des hommes faillibles. La difficulté de l'Évangile, c'est qu'il doit se vivre, sinon ce ne sont que des belles paroles. L'Évangile doit nous transformer. Cela ne veut pas dire qu'il ne faut pas en parler. Je constate que les médias chrétiens font l'erreur de placer le joueur sur un piédestal, ce qui l'expose à une grosse pression qu'il n'est pas toujours capable de supporter. Je préfère avoir des joueurs qui prient dans un vestiaire que sur la pelouse. Mais c'est intéressant de noter qu'ils ont besoin de cela pour se concentrer, s'encourager, et même pour s'unir. »

Mais pour faire le buzz médiatique, ce journal a titré sur ses réseaux sociaux : « Joël Thibault, le pasteur d'Olivier Giroud ». Cela en était fini de ma tranquillité concernant des demandes de services comme intermédiaire pour Olivier.

Je me permets aujourd'hui d'en parler librement car Olivier a évoqué notre relation dans son livre *Toujours y croire* dans lequel il s'est livré sur sa carrière, sa foi et son couple. Il n'est pas revenu sur la période délicate qu'il a connue à Arsenal en termes de tentation. C'est dommage parce que c'est une belle histoire de rédemption. Lorsque l'on passe par des épreuves douloureuses qui ont été rendues publiques, on a besoin de temps pour se restaurer. Mon rôle a toujours été clair : accompagner dans la discrétion Olivier dans son cheminement de foi. À partir du moment où celui-ci a exposé sa foi dans cette vidéo de la FFF, il est devenu une égérie pour les médias confessionnels. J'ai longtemps hésité à participer au projet du *Magazine Jésus* qui cherchait à recruter Olivier comme rédacteur en chef éphémère, après avoir eu Pascal Obispo et Arielle Dombasle. Tout cela semblait aller trop vite. Il m'était important de mieux connaître Olivier car, comme j'aime le dire, il est une sorte d'hybride chrétien. Il a grandi dans l'Église évangélique à travers la foi naissante de sa maman tout en demandant le baptême dans l'Église catholique à l'âge adulte afin de devenir le parrain du fils de son frère. C'est finalement mon ami Jérémie qui m'a convaincu de l'utilité de mon rôle d'accompagnateur d'Olivier dans sa médiatisation à partir du moment où il devenait acteur de ce projet. Il m'a fallu appréhender ce nouveau rôle d'accompagnateur spirituel d'un champion hyper médiatisé. Accompagner Olivier ne signifie pas que nous soyons d'accord sur tous les sujets ecclésiastiques ou sociétaux. Il reste libre, tout comme moi. Je me tiens à ses côtés pour l'écouter, pour cheminer sur sa quête spirituelle et s'il me demande des conseils, je peux aussi l'interpeller sur mes croyances et mes valeurs. Toujours est-il qu'Olivier était plus motivé que moi pour le *Magazine Jésus*, c'est pourquoi je me suis embarqué à ses côtés dans cette aventure. Après des mois de travail et plusieurs rencontres, j'ai pu remettre à Olivier, en avant-première, un exemplaire du *Magazine Jésus* à l'occasion du match France-Albanie du 7 septembre 2019. Sa famille comme la mienne était présente lors de ce match. Ce fut une occasion pour Emily de rencontrer Olivier, Jennyfer et leurs enfants. Olivier m'a aussi présenté à Blaise Matuidi. Ensuite, il nous a conviés à une visite du sacro-saint vestiaire de l'équipe de France du Stade de France. Nous avons pu immortaliser ce moment avec quelques photos du *Magazine Jésus* en main. Le 19 septembre 2019, le *Magazine Jésus* est sorti dans tous les kiosques et librairies. Il s'est écoulé à près de 20000 exemplaires.

Aujourd'hui, je suis reconnaissant pour l'impact que ce magazine a eu sur les lecteurs, des rencontres qu'il a suscitées et les dizaines de messages d'encouragement que j'ai reçus. J'ai pu l'offrir à Serge Betsen, ancien international du XV de France et proche d'Olivier, présent à mes côtés lors d'un match de l'équipe de France. Il se trouve que quelques années auparavant, alors que je donnais une conférence sur le sport et la spiritualité à Biarritz, un préparateur mental était venu me parler de Serge et de sa quête spirituelle. Alors que Serge et moi-même discutions en attendant Olivier, Nagui, l'animateur de télévision, s'est retrouvé dans notre cercle. Il me paraissait plus petit qu'à la télévision mais c'était bien lui. Voyant que des personnes prenaient des photos avec Serge, Nagui était intrigué. Ce fut une scène plutôt cocasse puisqu'il ne savait pas qui était Serge.

Heureusement j'ai vécu des rencontres plus abouties comme celle de Patrick, fan du joueur Giroud. Patrick a trouvé mon numéro pour me partager combien il était touché par la résilience et la foi d'Olivier. Patrick m'appelle régulièrement pour me poser des questions sur la foi chrétienne. J'ai même pu lui rendre visite et prier avec lui. Comme il n'y a pas de hasard dans la vie, il se trouve qu'il habite une petite ville de province où un de mes amis pasteur a ouvert une église évangélique. Dans son chemin, il a même pu assister à une célébration évangélique. Grâce à ce coup de projecteur du *Magazine Jésus*, le célèbre journal *L'équipe* a consacré une page entière sur mon travail avec un titre mémorable « Joël Thibault, théologie en pointe ». Si un jour on m'avait dit que l'on parlerait de théologie, d'aumônerie du sport et de mon parcours dans un si grand journal, je ne l'aurais pas cru. Je l'ai pris comme un cadeau venant du Ciel. D'anciens coéquipiers de clubs à Lyon, à Rennes, à Angers m'ont envoyé un message pour me féliciter pour cet article. Cela m'a profondément ému car ils respectaient ma foi, même s'ils ne la partageaient pas tous. J'ai eu aussi le droit de me faire chambrer vu l'accroche racoleuse de l'article : « Les dragueurs et les dragueuses des applis ou des réseaux sociaux avaient pourtant prévenu : la rencontre de visu a parfois du mal à tenir la comparaison avec les photos postées sur le Web. Avec Joël

Thibault c'est un peu l'inverse. Un peu, car il était quand même perpétuellement souriant sur les clichés piochés çà et là. Mais il en jetait quand même beaucoup plus quand on l'a retrouvé dans une brasserie de Montparnasse, à sa descente du train de Rennes. Cheveux domptés par le gel, barbe de trois jours, costume sur tee-shirt col en V et petites baskets en daim. On y réfléchirait à deux fois avant de le présenter à sa femme. Par bonheur, il en a une formidable, la mère de ses quatre enfants. » Autant vous dire qu'au début Emily a ri jaune. Je n'en menais pas large non plus à la lecture du premier paragraphe. Heureusement le journaliste a retranscrit mon témoignage. « J'ai décidé de couper : le foot était devenu trop important dans ma vie, c'était devenu ma religion et ça ne m'apportait pas une paix intérieure » avant de continuer par : « La théologie le renverra quand même sur le chemin de sa première passion, lui qui enfant, préférait taper la balle au moment d'aller à l'église. "L'humour de Dieu, c'est qu'il m'a remis dans l'église pour aller accompagner des footballeurs." »[1]

Pour l'anecdote, j'étais exceptionnellement en costume car je montais à Paris pour un gala de charité auquel j'avais été convié au profit des chrétiens d'Orient. Je devais remettre un maillot de l'équipe de France offert par Olivier pour une mise aux enchères animée par le célèbre journaliste sportif Nelson Monfort. Je passais la soirée avec entre autres Max Guazzini, l'ancien président du stade français Paris rugby et de la radio NRJ, François

1. *L'Équipe*, 9 octobre 2019, « Joël Thibault, l'aumônier qui accompagne les footballeurs ».

Morinière, ancien directeur général du groupe L'Équipe, Grégory Turpin, chanteur professionnel et Pierre Chausse, directeur des éditions Première Partie. J'apprécie les nouvelles rencontres que je peux faire lorsqu'elles allient la passion pour le sport, une quête de sens et de spiritualité. Mais j'ai aussi découvert le sentiment d'être devenu une personne intéressante pour certains depuis que ma proximité avec Olivier est devenue publique. Je découvre ce phénomène de « nouveaux amis » dont les sportifs me parlent régulièrement, lorsque la notoriété arrive. Ce sentiment d'être utilisé est fort désagréable dans le sens où nous aspirons à des relations authentiques. Vivre cela me permet de bien réfléchir sur mes relations avec les autres. Je ne veux pas utiliser les autres, je veux apprendre à les aimer. C'est pourquoi j'ai toujours fait attention à ne pas utiliser les sportifs mais à les servir de manière désintéressée et lorsque j'ai des projets à leur proposer, la première chose que je fais c'est de m'assurer qu'ils sont libres de pouvoir me dire non.

J'accompagne un footballeur qui faisait partie des grands espoirs du football européen dès ses seize ans. Malheureusement, à cause d'un mauvais choix de carrière, et à cause d'agents mal intentionnés, sa carrière a pris du plomb dans l'aile, alors que plusieurs de ses amis ont vu la leur exploser depuis. L'un d'eux a signé en 2022 à la Juventus de Turin, club italien emblématique. Il me faisait part du fait que son téléphone avait chauffé depuis la signature de son meilleur ami. Les gens l'appelaient pour demander des maillots et des billets pour les matchs. Pour ma part, il n'y a quasiment pas une semaine depuis 2019 sans que je reçoive des demandes pour approcher Olivier Giroud. Je ne compte plus les demandes de préface de livres reçues par des maisons d'édition chrétiennes. De mémoire, seule celle d'une BD *Sam et Salem* a abouti car cela plaisait à Olivier. Mais la plupart du temps, il n'avait pas le temps de lire certains livres dont les thématiques étaient à des années-lumière de ses préoccupations. Il y a aussi des demandes loufoques de particuliers. Je vous en partage une qui m'a bien fait rire et à laquelle j'avoue ne pas avoir répondu pensant à un canular.

« Bonjour Joël, Je vous écris de la part du pasteur X. Mon petit-fils, bientôt huit ans, rêve de devenir footballeur professionnel. Il est élevé dans la foi chrétienne, et qui d'autre qu'Olivier Giroud pourrait devenir son mentor dans le milieu ? Je sollicite votre aide pour savoir s'il serait possible qu'il le prenne en charge quelques heures pour jouer avec lui. Je vous remercie pour votre attention. »

Il n'est pas rare que l'on me contacte via les réseaux sociaux pour des demandes de vidéos pour des mariages, des anniversaires ou encore des inaugurations d'églises.

La dernière demande en date est la plus osée que j'aie reçue : « je pars en vacances en Italie avec cinq amis, j'aimerais aller voir un match du Milan AC mais vu le prix des places excessivement cher, pouvez-vous demander six places à Olivier et aussi nous arranger un rendez-vous avec lui comme nous sommes tous fans de lui ? »

Olivier m'a demandé de filtrer les demandes. Les gens ne s'imaginent pas qu'un sportif professionnel ne travaille pas que les jours de matchs. Tous les jours il est à l'entraînement et sauf en de rares occasions, il ne peut pas se retrouver en semaine à plusieurs centaines de kilomètres de chez lui pour faire la promotion d'une association qu'il ne connaît pas, aussi louable soit-elle. Il ne peut pas répondre à toutes les sollicitations. J'ai son autorisation pour faire le tri. En général, j'envoie une photo dédicacée d'Olivier avec l'équipe de France. Il m'en a remis un petit stock. Cela fait plaisir aux gens et ça ne coûte qu'un timbre.

Un jour, je reçois un appel d'un pasteur de province qui a un projet de construction d'église à plusieurs millions d'euros. Ce leader d'église évangélique veut savoir si Olivier peut y contribuer. Je lui fais comprendre que les questions d'argent ne sont pas trop mes zones d'interventions. Cependant je le conseille en l'invitant à cibler des projets précis à financer qui pourraient avoir du sens pour Olivier et pour l'ouverture vers la ville. En fait, cette église a le projet de créer un centre culturel avec un terrain de football. Je propose qu'il me soumette le budget pour voir si Olivier pourrait y contribuer. Le coût du stade devait être de 30 000 €. J'ai senti dans la voix de ce pasteur que ce n'était pas vraiment la réponse attendue… Sûrement s'attendait-il à ce qu'Olivier leur fasse un virement d'un demi-million. Toujours est-il que jusqu'à ce jour, je n'ai toujours pas reçu sa demande d'aide officielle. Je me dis que ça doit être compliqué d'être riche et de devoir gérer constamment ce genre de sollicitation, de subir une forme de pression, voire de culpabilisation. Dans mon rôle auprès d'Olivier, c'est ce que je crains le plus car je me vois davantage dans un rôle de protecteur connaissant malheureusement les rouages du système et les abus qu'il peut y avoir même dans l'Église. Pour mes propres projets associatifs, je fais également attention. C'est d'ailleurs Olivier qui m'a sollicité pour faire partie de notre gala PlusQueSportifs car il était intéressé pour jouer avec d'autres joueurs comme Aurélien Collin, David Alcibiade et Gilles Yapi-Yapo au profit d'une ONG chrétienne. C'est dans ce cadre que je l'ai sensibilisé à l'ONG Portes Ouvertes et à la réalité de la persécution des chrétiens dans le monde. Lorsqu'il a entendu le chiffre de deux cent soixante millions de chrétiens persécutés en 2019, Olivier n'en revenait pas. Il n'était pas conscient de la souffrance et de la violence faites aux chrétiens ainsi que des restrictions en matière de liberté religieuse par rapport à ce que l'on vit en Europe. Je ne lui ai pas forcé la main, c'est lui qui a proposé l'idée d'une vente aux enchères de plusieurs de ses maillots. Pour ma part, je n'ai jamais tiré profit de ma proximité avec Olivier, je n'ai pas touché un centime de sa part, ni obtenu de maillot. Il n'est pas au courant de la manière dont est financé mon ministère d'aumônier. Depuis 2004, année à laquelle j'ai répondu à ma vocation, je vis par la foi comme on dit dans notre jargon évangélique. Cela veut dire que je n'ai pas l'assurance d'avoir un salaire chaque mois. Cela est soumis à la générosité des églises et des chrétiens. Le père d'Olivier est au courant de ma situation et y est sensible. En avril 2017, lors d'un match du GF38 au stade des Alpes où je suis en visite pour une conférence inédite sur le sport et la spiritualité, nous faisons connaissance dans un salon VIP. Je garde le souvenir d'un homme très humble, chaleureux et doux.

Il me remercie pour mon engagement auprès d'Olivier et s'interroge sur ma situation. Il souhaite proposer son aide financière en parlant avec son fils. J'ai décliné l'offre instinctivement, ne voulant pas d'un conflit d'intérêts. Je voulais pouvoir servir Olivier de manière désintéressée. Plusieurs m'ont dit que j'étais fou et que je devrais facturer des prestations aux joueurs. Mon modèle est le Christ qui a dit : « Vous avez reçu gratuitement, donnez gratuitement ! » Je ne refuse pas l'aide qu'on veut me donner mais ce n'est pas un business que je fais auprès des sportifs ! Un jour, un agent de joueurs d'une grande agence de football, se revendiquant croyant, m'a proposé une commission de 10 % sur le prochain transfert de John Bostock, jouant au RC Lens, si je le mettais en contact avec lui pour qu'il change d'agent. J'ai refusé de rentrer dans cette combine. Je donne de ma personne sans compter ni mon temps, ni mon énergie, ni mon carburant. Il n'est pas rare que je paye le restaurant à des sportifs de haut niveau. Cela étant, je n'ai pas honte de dire qu'il y a quelques sportifs de ce rang qui ont fait eux-mêmes la démarche de nous soutenir. Olivier me manifeste sa sympathie en m'invitant avec ma famille à des matchs de l'équipe de France au Stade de France ou à Rennes. C'est à Londres avec Chelsea, qu'Olivier nous a le plus surpris. En février 2019, je suis en vacances en famille en Angleterre, à la demande d'un footballeur franco-camerounais du Bate Borisov, Hervaine Moukam. Il vit en Biélorussie depuis plusieurs années. Il n'a pas la possibilité d'aller dans une église sur place. Il a découvert la foi chrétienne par une amie ostéopathe,

Anne-Sophie, qui nous a mis en relation. Il désire que je lui propose une série d'études bibliques pendant son séjour à Londres. Comme les conditions climatiques sont trop mauvaises dans la région de Minsk, le club a décidé de venir s'entraîner dix jours avant leur match d'Europa League contre Arsenal. Il souhaite passer du temps avec moi et que nous puissions nous rencontrer physiquement car ces derniers mois, nous avons beaucoup fait de visioconférences en raison de la distance qui nous sépare. Nous nous retrouvons trois soirées de suite à l'hôtel de l'équipe. Il m'invite avec mon fils aîné à voir son match à l'Emirates Stadium au cours duquel nous retrouvons sa famille d'accueil de Metz. Sachant que j'ai passé trois jours avec Hervaine et que ses proches sont là, je m'éclipse avant la fin du match. L'après-midi je suis à l'hôtel de Chelsea Harbour avec Olivier pour une étude biblique d'une heure avant son match d'Europa League. À l'issue de notre rencontre, il me demande si j'ai des tickets pour le match. Je ne demande jamais de tickets à Olivier car je sais qu'il est sollicité par des amis constamment.

« Joël, je n'ai pas pensé avant mais tu veux aller au match ce soir ? Tu ne m'as pas demandé de places. »

« Non, je ne t'ai pas demandé, en plus je suis en famille donc ne t'inquiète pas. »

« Ah ! C'est trop dommage… Attends, je vais voir cela. »

Nous sommes à cinq heures du coup d'envoi du match de Chelsea lorsque je quitte l'hôtel. Nous partons en direction de l'Emirates pour voir le match de Moukam, lorsque quinze minutes plus tard, je reçois un sms.

« C'est bon, je t'ai mis six places, tu peux venir les récupérer au guichet. »

« Merci Olivier. »

« Bon chérie, changement de programme pour ce soir ! »

Dans la voiture, les enfants sont tout excités. Le jeudi 21 février nous avons réussi l'exploit de traverser Londres sans embouteillages pour enchaîner le match de 18 heures d'Arsenal-Bate Borisov puis le match de 20 heures de Chelsea-Malmö avec un but à la clé pour Olivier. Décidément quand nous sommes au stade, il marque. Nous nous retrouvons trois mois plus tard une nouvelle fois à Londres. Il se trouve que Chelsea est en finale de l'Europa League. La saison va se finir plus tard que pour les autres équipes. Certains sont déjà partis en vacances se dorer au soleil. Pour garder ses troupes motivées, l'entraîneur italien Sarri octroie quatre jours de vacances à ses joueurs. La reprise de l'entraînement est programmée le lundi 20 mai. Nous avons rendez-vous le 19 mai 2019 à l'église anglicane St Barnabas (French Connect) à l'occasion du gala de soutien PlusQueSportifs en faveur des chrétiens persécutés. Olivier en homme de parole a écourté ses mini-vacances en amoureux en rentrant tard le samedi afin d'apporter tout son soutien à cette noble cause et notamment à l'ONG Portes Ouvertes. Nous récolterons près de douze mille livres sterling pour venir en aide à des familles en difficulté à cause de leur foi chrétienne.

Huit mois après, l'Europe était confinée. Malgré la période de crise sanitaire, avec Olivier nous avons eu plusieurs occasions de nous revoir, notamment à Rennes quand il est venu jouer en Ligue des Champions avec

Chelsea, le 24 novembre 2020. Cela fait onze ans que j'habite la région rennaise et c'est la première année que Rennes joue dans cette compétition européenne. Malheureusement, la venue d'Olivier avec son club de Chelsea coïncidait avec les matchs à huis clos en raison du covid. Mais j'ai le privilège de pouvoir me rendre à l'hôtel des joueurs et de passer un peu de temps avec lui malgré toutes les restrictions sanitaires. Deux jours avant nous étions avec deux cent cinquante personnes sur Zoom pour notre deuxième gala avec l'église French Connect en faveur des chrétiens persécutés. Olivier reste encore marqué par les témoignages de ceux qui souffrent à cause de Jésus. Il me pose des questions. Il a offert plusieurs maillots pour la vente aux enchères dont celui de sa centième sélection en équipe de France. Il a aussi récupéré le maillot de Christian Pulisic, un jeune chrétien. Je le sens épanoui et fier de s'engager pour cette cause. Je prends le temps de lui remettre un petit cadeau. Je lui ai rapporté le livre *Plus Que Vainqueurs* qu'il a préfacé. Notre temps touche bientôt à sa fin, j'aperçois de loin Lampard, son entraîneur qui nous observe. Les autres joueurs arrivent au lieu de rendez-vous pour la causerie. Olivier me présente même un autre joueur français, de confession musulmane. Il se trouve que j'accompagne le frère de ce joueur dans son parcours spirituel, il hésite entre l'islam et le christianisme. C'est un échange bref mais chaleureux. Olivier lui remet le livre *Plus Que Vainqueurs* avec des témoignages de sportifs. Ngolo Kanté passe et Olivier me présente à lui. En tant que malien, il est soucieux du travail que l'on fait là-bas. Il a eu écho du gala PlusQueSportifs et du projet d'Académie de football où musulmans et chrétiens jouent ensemble. Il me donne un sac de chaussures de foot. Quand j'arrive chez moi, j'y découvre un lot de chaussures neuves gravées à son nom. Depuis, elles ont été acheminées jusqu'au Mali où elles ont fait des heureux.

La causerie avec le coach Lampard va bientôt démarrer. Le temps d'un dernier échange :

– Bon Olivier du coup tu débutes ce soir ?

– Je ne sais pas, me répond-il.

Une heure avant de partir au stade, Olivier ne sait toujours pas s'il sera titulaire. Je me dis que ça doit vraiment être particulier de vivre ces longues heures d'attente sans savoir, il faut avoir les nerfs solides. Quand on voit que dans le rugby la composition est donnée la veille, je ne comprends pas pourquoi on maintient ce suspens dans le football.

Avant de se dire au revoir, on se remémore le souvenir du match des Bleus à Rennes. On prend le temps de rire et de se rappeler que la dernière fois qu'il est venu à Rennes il a marqué trois buts donc il espère marquer ce soir. Le match débute, Olivier est à nouveau remplaçant mais il rentre en jeu et marque le but de la victoire pour Chelsea. Il est encore ressuscité. Il a frappé fort pour son retour en France. La presse doit encore s'incliner devant sa force mentale.

De mon côté, je reçois des messages d'amis rennais, « Bravo, merci à Olivier de nous éliminer de la Ligue des Champions ».

Une semaine après, Olivier se retrouve titulaire en Ligue des Champions contre Séville. Dans la journée, on échange par textos : il m'avoue que *Plus Que Vainqueurs* est son livre de chevet du moment, il se régale, il découvre les témoignages de Mary Pierce, Malick Daho, et Pascal Berenguer. On échange, on s'encourage dans la foi. À ma grande surprise, une heure et quart avant le coup d'envoi, il me renvoie un message: « Tiens au fait il y a un joueur du stade rennais qui m'a parlé de sa foi à la fin du match, je l'ai orienté vers toi ». Je le remercie pour l'info. Alors qu'il m'annonce qu'il est titulaire cette fois-ci, je me dis qu'il n'est pas concentré sur son match, qu'il n'est pas dans sa bulle. Peut-être qu'il est concentré sur les affaires de son Père céleste.

Bizarrement cela ne va pas l'empêcher de mettre les quatre buts du match, pied gauche, pied droit, tête et sur penalty, la totale, le summum pour un attaquant surtout en Ligue des Champions.

Le soir du match, je prie pour Olivier mais je décide de ne pas le regarder pour ne pas imposer à ma femme un énième match et passer du temps avec elle. Mais je reçois les notifications du score. Je me réjouis de le voir marquer aussi vite… Entre-temps un sportif m'appelle vers 22 heures… Ce n'est pas rare. Je ne décroche pas toujours, il m'arrive de filtrer, mais là voyant le nom qui s'affiche, je décroche. Un sportif a besoin de parler, on reste trois heures au téléphone. Après cet appel, il est tard mais je prends le temps de féliciter Olivier, je lui envoie un verset biblique pour l'aider à se focaliser sur l'essentiel. Le lendemain c'est l'emballement médiatique ! En plus, on est en pleine vente aux enchères à la suite du gala pour soutenir des projets en Afrique, là où Boko Haram sévit. Les médias en profitent pour parler de ses quatre buts, des enchères et de sa mobilisation en faveur des chrétiens persécutés. Olivier rappelle qu'ils sont 260 millions dans le monde. C'est une plateforme inespérée.

Intrigué par sa performance, je prends le temps de lui demander: « Mais tu sentais que tu étais dans un grand soir? Dieu t'avait-il prévenu? » Et là sa réponse m'a surpris: « Non j'étais concentré et je me suis dit que j'étais plus que vainqueur en Jésus-Christ ».

Quelques semaines plus tard, grâce à cette qualification, Chelsea affronte en demi-finale le Real Madrid. Je reçois un message d'un fervent supporter d'Olivier, un croyant zélé qui m'a contacté sur un réseau social. « Il faut particulièrement prier pour Olivier ce soir, il ne faut pas qu'il soit humilié par Karim Benzema. »

Qu'est ce qui se passe derrière un message comme celui-ci? Faut-il absolument qu'Olivier ressorte en super-héros pour montrer que le Dieu des chrétiens est plus fort que le Dieu des musulmans? N'est-ce pas dans la faiblesse que Dieu se glorifie, dit l'apôtre Paul?

J'ai des doutes sur la démarche mais je prie simplement que la volonté de Dieu s'accomplisse et qu'en tout temps Olivier garde confiance en Dieu et soit en paix. Je ne prie pas pour des buts même si je me rappelle très bien un moment de prière devant mon poste de télévision le 9 septembre 2018 pour le match de l'équipe de France. Olivier est très fortement critiqué et Didier Deschamps est sur le point de le sortir du terrain lors du match contre le Pays-Bas. À ce moment-là, avec des amis chrétiens, nous avons prié pour une grâce venue du ciel. Quelques instants après, Olivier a mis fin à 817 minutes de disette en équipe nationale. Quel soulagement! Il a même dépassé la légende Zinédine Zidane au classement des buteurs. Ce match reste un tournant selon moi dans la carrière d'Olivier chez les Bleus, après une Coupe du Monde sans buts. C'est l'une des rares fois où j'ai supplié Dieu de le faire marquer. Mais je crois que cela avait du sens par rapport à la portée de son témoignage de résilience et de foi. *Soli Deo Gloria*. De nombreux chrétiens prient pour Olivier, je crois qu'une partie de sa force vient aussi de ce soutien spirituel. Pour revenir au match de Madrid, au moment où je prie, je ne sais pas encore ce qui va arriver lors du match. Comme je le pressens, Olivier est remplaçant et ne rentre pas. Pire encore, Karim Benzema marque un très beau but. Pour ma part je ne suis pas inquiet, cela fait plusieurs mois que je pressens que Chelsea ira en finale de la Ligue des Champions. Ça peut paraître facile à dire comme ça mais j'ai eu cette conviction lorsqu'Olivier a réfléchi à quitter Chelsea en janvier. J'ai gardé ça pour moi. Partir revenait à hypothéquer une chance d'aller en Ligue des Champions. Finalement, Olivier rentre deux minutes au match retour. Sur son premier ballon, il est dangereux. Le coup de sifflet final est donné. Le Real Madrid est éliminé. Chelsea file en finale de Ligue des Champions. Olivier enchaîne les finales lors des cinq dernières années : Euro 2016, Coupe du Monde 2018, Europa League, FA Cup… et maintenant la finale de la Coupe aux grandes oreilles… Pour un joueur « bas de gamme » ou au profil « karting », ça reste impressionnant.

Le jour de la finale de la Ligue des Champions approche, Olivier me met dans la confidence qu'il prévoit un tee-shirt avec un message en anglais « *More than Conquerors through Christ who loved us* » – Plus que Vainqueurs en Jésus-Christ qui nous a aimés – un verset biblique tiré du chapitre 8 de l'épître aux Romains. Olivier ne rentre pas en jeu au cours de la finale mais gagne la LDC. Il y aura largement contribué en finissant troisième meilleur buteur de la compétition avec six buts, juste derrière Mbappé !

Olivier célèbre la victoire devant les supporters avec son tee-shirt à la gloire de celui qu'il met en avant depuis 2016 : le Christ !

Bizarrement lors de la remise protocolaire, Olivier est obligé de remettre son maillot ! Il se plie à la règle, c'est le jeu ! D'ailleurs ça me rappelle un autre souvenir de la finale à Bakou où il m'avait dit avant la finale : « je vais marquer et je vais montrer mon tee-shirt », et moi de lui dire : « ne fais pas ça, tu vas prendre un carton jaune et ça pourrait pénaliser l'équipe. Attends la fin du match. » Finalement à la mi-temps il fait tellement chaud qu'il enlève le sous tee-shirt et oublie de le porter pendant l'après-match !

Quand Olivier vient jouer en France avec son équipe, ce sont des opportunités pour passer du temps avec lui, pour mieux le connaître et l'accompagner efficacement. J'en profite aussi pour lui offrir des livres de méditation biblique qui pourraient l'aider dans sa croissance spirituelle. Comme il aime le Psaume vingt-trois, je lui ai offert les *Psaumes de Jésus* de Timothy Keller. Ce n'était pas simple d'accompagner un joueur considéré comme « le mal-aimé » et pris comme bouc émissaire par une partie de la population française pro-Benzema. Son histoire a des similitudes avec celle du roi David dans la Bible. Méditer sur les psaumes aide dans les situations d'injustices.

Depuis que je côtoie Olivier, je ne l'ai jamais entendu parler en mal de Karim Benzema, même après le grand retour surprise de celui-ci pour l'Euro 2021. Quand on voit le buzz qui est fait à chaque déclaration, je comprends pourquoi il est dur de s'exprimer pour les joueurs. À chaque fois qu'Olivier a parlé sans langue de bois, il a pris un retour de bâton… Nous vivons dans la culture du buzz médiatique. Pendant l'Euro, mon conseil à Olivier était de prier pour la paix, de se mettre au service de l'équipe et de ne pas rentrer dans le jeu des querelles, et notamment au sujet de ces différends avec Karim Benzema qui sont alimentés par la presse et les supporters.

Il n'est pas rare que des journalistes sportifs m'appellent pour me parler d'Olivier en tant qu'homme. Ils sont impressionnés par son calme mais surtout sa résilience. Dernièrement, un journaliste d'Europe 1, qui m'avait sollicité avant le covid pour organiser une interview avec Olivier, m'a appelé pour m'annoncer qu'il l'avait rencontré au Milan AC. Il voulait simplement me partager qu'il avait apprécié ce temps d'interview et l'aisance avec laquelle le joueur parlait de sa foi. Il n'est pas rare que de grands médias passent par moi pour obtenir une interview d'Olivier, s'ils n'ont pas réussi via son agent pour le football. Une autre fois, c'est un journaliste de *SO Foot* qui m'a sollicité à plusieurs reprises pour que je leur négocie une interview exclusive avec Olivier en Une de leur magazine. Étant donné que c'est un média acide parfois, il a fallu faire preuve de persuasion avec Olivier. Le journaliste de *So Foot* ayant participé en plus au *Magazine Jésus* avec un papier à la limite du hors-jeu sur les évangéliques, le Brésil et Bolsonaro, il n'a pas eu de mal à trouver mon contact. Comme je suis assez fan de *So Foot*, et de leur côté subversif, j'ai considéré la demande de ce journaliste en m'assurant qu'Olivier aura la liberté de parler de sa foi sans sarcasme. Étant donné qu'un de mes amis, Protin, connaît personnellement le journaliste, je lui renouvelle ma confiance et il m'assure qu'effectivement l'interviewé sera libre de parler de sa foi chrétienne et que cela sera fait dans un bon état d'esprit. J'ai sa parole. Je relance Olivier, il est convaincu. Je ne serais pas déçu du résultat. La Une est magnifique « Jésus, Les Haters, la France, Giroud se confesse comme jamais[1] » avec Olivier à genoux, les doigts pointés vers le ciel. Dans l'interview, il a pu comme promis parler de son cheminement spirituel et de son désir de se faire baptiser dans le Jourdain.

Depuis l'été 2021, Olivier a quitté Londres pour Milan et son club mythique l'AC Milan. Je suis allé lui rendre visite à l'automne 2021 en vue de la préparation de son baptême. Il m'a reçu chez lui le lendemain du match où il avait marqué contre le Torino dans le stade San Siro. Je lui ai fait rencontrer l'ancienne gloire de la Juventus et du Milan AC, Nicola Legrottaglie, un fervent chrétien qui a été entraîné par un certain Didier Deschamps en Italie. Comme d'habitude, nous n'avons pas vu le temps passer, Olivier m'a reçu plus de trois heures chez lui, en mode décontracté, avec sa tenue de joueur de basket NBA, accompagné par son frère Romain ainsi

1. *So Foot*, 10 septembre 2020, « Giroud : "Se faire baptiser dans le Jourdain, c'est le summum" ».

qu'un autre joueur du Milan AC. Nous avons pu prendre un temps de prière tous ensemble. À l'issue de cette rencontre fraternelle, Olivier m'a envoyé un message : « *Mi casa es su casa* ». Il m'a invité à revenir quand je le voulais. Nous avions planifié de passer trois jours en Israël pour le renouvellement de son baptême dans le Jourdain fin mai 2022, avant qu'il ne soit rappelé en équipe de France en mars 2022. Olivier a eu écho qu'il pourrait être appelé à nouveau pour la Ligue des Nations. Par prudence, il a préféré reporter à une date ultérieure. Entre-temps, Didier Deschamps a décidé le 19 mai 2022 de ne pas le sélectionner. Si Olivier n'avait pas participé à la Coupe du Monde 2022, nous serions partis en Terre sainte pour son baptême. Dieu seul sait quand cela aura lieu. Comme j'ai eu l'occasion de le partager dans plusieurs médias lors de la Coupe du Monde au Qatar – que je boycottais pour des raisons éthiques[1], il est dangereux de le mettre sur un piédestal, il ne reste qu'un homme faillible comme chacun. Voir les médias ne s'intéresser à sa foi, globalement que parce qu'il a du succès m'interroge. Heureusement que l'amour de Dieu est inconditionnel et constant pour chaque être humain[2]. Le journal *Le Point* pour lequel j'ai accordé une interview a titré « Le coach d'Olivier Giroud, c'est

---

1. Emission RCF, 14 décembre 2022, « Joël Thibault : "Le coach d'Olivier Giroud, c'est Dieu" » [en ligne].
2. Romains 8, 38 : « En effet, j'ai l'assurance que ni la mort ni la vie, ni les anges ni les dominations, ni le présent ni l'avenir, ni les puissances, ni la hauteur, ni la profondeur, ni aucune autre créature ne pourra nous séparer de l'amour de Dieu manifesté en Jésus-Christ notre Seigneur. »

Dieu[1] ». Cependant, je constate qu'on s'intéresse davantage aux secrets ou recettes spirituelles d'Olivier plutôt qu'à l'objet de sa foi : Jésus, le véritable sauveur dans la spiritualité chrétienne.

Olivier est quelqu'un que j'apprécie pour son accessibilité et sa gentillesse. Je n'ai pas le sentiment d'être avec une star quand je suis à ses côtés. Je prie qu'il reste ferme dans sa foi pour qu'il continue de grandir à l'école du Christ faite d'humilité et de grâce et pour qu'il puisse prendre soin de son épouse et de leurs quatre enfants. Je lui souhaite de toujours y croire, car la foi est plus que la carrière de footballeur, c'est une question d'éternité plus que de postérité !

1. *Le Point*, 8 décembre 2022, « Coupe du monde de football 2022 : Olivier Giroud, touché par la grâce » [en ligne].

Chapitre 9

SANS CONTROVERSE

> L'erreur ne se montre jamais sous son vrai jour afin de ne pas être découverte. Bien au contraire, elle s'habille d'une manière élégante de sorte que celui qui n'y prend pas garde croit qu'elle est plus véridique que la vérité elle-même.
>
> Irénée de Lyon

« 100 % Jésus » est un slogan devenu célèbre grâce à Neymar. Le 6 juin 2015, il fête sa victoire en Ligue des Champions avec le FC Barcelone en arborant un bandeau « 100 % Jésus » sur le front. Cet épisode a fait couler beaucoup d'encre.

Quelques mois plus tard, une nouvelle controverse est lancée : dans la vidéo de présentation des nominés au Ballon d'Or 2015, la FIFA a purement et simplement trafiqué les images pour effacer le message inscrit sur le bandeau du joueur. Dans sa défense, la Fédération affirme avoir agi « par respect ». À cet égard, qu'en est-il du respect des convictions du joueur ? On objectera qu'il avait enfreint le règlement imposé par la FIFA en 2009 qui interdit les actes de prosélytisme dans les stades ? Mais il n'avait pourtant pas été sanctionné.

Loin d'être refroidi par cette polémique, il a récidivé six mois plus tard lors du sacre olympique en 2016 à Rio avec le même bandeau. Comment interpréter ce geste en terre brésilienne : est-ce cultuel ou culturel ? Toujours est-il qu'aucune censure, ni amende n'ont été à l'ordre du jour.

Lors des polémiques, j'ai eu l'occasion de réagir dans plusieurs médias. Plus que de me positionner sur le bien-fondé ou non de la censure, je voulais en profiter pour interpeller sur la signification du slogan « 100 % Jésus ». Aucun journaliste ne remettait en question l'authenticité de la foi de Neymar. Ils peuvent être très critiques envers Neymar et ses contre-performances sportives mais n'iront pas interroger le décalage entre le message qu'il affiche et la façon dont il vit. Pour ma part, en tant que pasteur, je m'occupe moins de ses performances footballistiques que de son attitude sur et en-dehors du terrain. Selon l'Apôtre Paul, il est important de regarder avec discernement celui qui se revendique chrétien. Il n'est pas question de condamner un homme, mais on peut examiner son comportement au regard de la Bible.

Pourquoi devrais-je douter de la foi de Neymar alors qu'il la déclare dans le magazine *So Foot* en 2012 ? « Dieu, c'est tout pour moi. Dieu m'a toujours aidé, tout ce que j'ai, c'est lui qui me l'a donné. Je le remercie tous les jours. Je n'ai pas trop le temps d'aller au culte en ce moment, mais dès que je peux, je fais une petite escapade à l'église baptiste que je fréquente depuis que je suis enfant. » Si je ne remets pas en cause l'authenticité de sa foi, j'ai le devoir, en tant qu'aumônier, mais aussi en tant que père, de mettre en garde contre l'idolâtrie des joueurs, en particulier si je désapprouve leur façon de vivre. Je suis concerné de près car mon fils est un grand fan de Neymar et du PSG ! Quelle référence est-il pour lui ? Si son influence s'arrête à ses dribbles, ses accélérations chaloupées, je me réjouis ! Mais porter un bandeau « 100 % Jésus » engage. Cela s'appelle l'unité de vie. Dieu déclare d'ailleurs à travers le prophète Samuel « qu'Il regarde au cœur plutôt qu'aux apparences. »

Dans le Nouveau Testament, Paul dit au jeune Timothée : « Que personne ne méprise ta jeunesse ; mais sois un modèle pour les fidèles, en parole, en conduite, en amour, en foi, en pureté ».

C'est problématique de se réclamer du Christ et d'avoir une attitude déplorable vis-à-vis de ses adversaires sur le terrain, ou de tomber dans le piège de l'alcool, de la vie nocturne et de ses excès. Certes, la force de la foi chrétienne, c'est le message de la grâce, du pardon vis-à-vis de nos manquements et de nos erreurs. Mais il ne faudrait pas que cet aspect du message biblique occulte la nécessaire transformation à laquelle Jésus nous invite.

J'observe deux phénomènes qui s'opposent aujourd'hui : « la grâce à bon marché[1] » d'une part, et l'idée que c'est notre comportement qui va nous sauver d'autre part. Il y a une vraie influence de la théologie de la prospérité parmi les sportifs, notamment sud-américains. Ces prédications mensongères font de la foi un rapport « donnant-donnant » : le succès et l'argent sont exaltés, alors que les questions de la souffrance, du renoncement

1. Dietrich Bonhoeffer, *Vivre en disciple*, Labor et Fides, 2009 : « La grâce à bon marché, c'est la prédication du pardon sans la repentance [...], c'est la grâce sans la marche à la suite de Jésus Christ. »

sont trop souvent ignorées. Lors de l'accompagnement des sportifs, nous les aidons à accepter le fait que Dieu peut leur permettre d'avoir des échecs, et qu'au cœur de leurs échecs, Il souhaite transformer leur être intérieur.

J'ai côtoyé des footballeurs qui se réclamaient du slogan « C'est Dieu la force ». Un de ces joueurs m'avait recommandé le livre *La puissance de la pensée positive* écrit en 1952 par Norman Peale. C'est le genre de livre dont les sportifs sont friands. Il est à l'origine de l'infiltration des idées du faux évangile de la prospérité qui a envahi le christianisme à partir des années 1960.

La puissance de la pensée positive encourage la confiance en soi, ce qui mène par excès à une fausse croyance de la « loi de l'attraction » : « Quand on s'attend au meilleur, on émet une force magnétique mentale qui, par la loi de l'attraction, nous attire le meilleur. » Cette idée n'a évidemment rien de biblique[1].

En 2016, j'ai co-organisé un match de gala PlusQueSportifs avec l'ancien footballeur professionnel Eugène Kangulungu au profit d'un orphelinat au Congo. Notre match se jouait le dimanche après-midi au stade Bauer du Red Star à Saint-Ouen. J'avais invité une dizaine de footballeurs professionnels à une célébration évangélique à l'église Hillsong Paris. Ce jour-là, c'était une prédicatrice américaine de passage qui prêchait. Le message n'avait rien à voir avec Jésus, son amour pour nous, son esprit de sacrifice. J'avais l'impression de participer à une masterclass sur le succès. Nous étions complètement dans l'esprit de la puissance de la pensée

1. https://www.gotquestions.org/Francais/puissance-pensee-positive.html

positive, invités à visualiser notre prochain succès. Quelle utilisation abusive de la Bible ! Ce discours est très attractif lorsqu'on vit dans un monde où la performance prime et où l'on cherche la gloire. Quand on y ajoute une dose de spiritualité on se sent invincible… jusqu'à l'échec. Cela me rappelle un épisode dramatique que j'ai vécu de près avec la tragique disparition d'avion transportant le footballeur du FC Nantes, Emiliano Sala, qui était un proche de David Alcibiade. Face à ce drame, plusieurs sportifs croyants du FC Nantes voulaient croire au miracle. J'étais à leurs côtés pendant cette période de crise. Certains disaient : « Emiliano est un combattant sur le terrain, il va s'en sortir. » Je ne pouvais qu'accompagner et écouter leur tristesse mêlée d'espoir. Mais lorsqu'on baigne dans la pensée positive, on a du mal à faire face à la réalité de la souffrance. Les joueurs qui ont pour mantra « c'est Dieu la force » ne semblent l'invoquer que sur le terrain. En dehors, ils témoignent plutôt de la faiblesse envers la gent féminine. Si Dieu doit nous donner de la force, que cela soit pour être fidèle, aimer et servir son prochain. À quoi sert par exemple à un homme de soulever 150 kg au-dessus de sa tête s'il ne peut pas lever le petit doigt pour aider sa femme dans les tâches du quotidien ?

Une autre fois, un footballeur trentenaire devenu millionnaire m'invite chez lui. Comme de nombreux sportifs, il aime le psaume 23 : « L'Éternel est mon berger, je ne manquerai de rien. » L'intérêt pour lui repose sans doute plus dans « je ne manquerai de rien » que dans « l'Éternel est mon berger », qui implique une soumission à une autorité divine. Nous avons rendez-vous dans sa villa, avec mon épouse. Quand nous arrivons vers 16 heures, il est encore à table avec ses amis, le magnum de rosé est bien entamé. Mon interlocuteur n'a pas l'air très sobre. Nous faisons connaissance et je lui pose quelques questions sur le psaume 23 et sur sa foi, mais je le sens mal à l'aise. Et pour cause, sa maîtresse est présente ! Il passe son temps à devoir mentir. Sa femme n'est pas au courant de la situation. J'avoue que ce genre de situation m'attriste car je vois beaucoup de sportifs s'auto-détruire en vivant dans le mensonge. Un proverbe de sagesse biblique nous invite à veiller sur notre propre cœur : « Garde ton cœur plus que toute autre chose, car de lui jaillissent les sources de la vie[1]. » Personne n'est à l'abri de la chute morale mais chacun est responsable de ses choix et des lieux qu'ils fréquentent. Notre volonté et notre discipline sont déterminantes pour rester alignés à nos valeurs. Lors d'un déplacement à Londres avec Aurélien Collin, nous avons été soumis à la tentation. Nous animions pendant trois jours des ateliers sur le sport et la spiritualité auprès des établissements scolaires et nous avons participé à un match de gala avec une équipe de l'ambassade de France. Des joueurs comme Robert Pirès avaient été invités. À l'issue du match, nous nous sommes retrouvés au pub pour boire une bonne bière. Lors de cette soirée, Aurélien a pu partager son cheminement spirituel. Le lendemain, après l'une de nos interventions, je me rends avec lui dans un bar du quartier chic de Mayfair. Nous avons été très bien accueillis, le manager était honoré d'accueillir un

1. Proverbes, chapitre 4, verset 23.

joueur des New York Red Bulls en la personne d'Aurélien. Alors que nous étions tranquillement assis à notre table, il est venu nous proposer la visite de son établissement et notamment de son sous-sol. Nous étions loin d'imaginer qu'il y avait un night-club. Contre toute attente, le manager a commencé à nous parler des mœurs de la gent féminine anglaise, à nous questionner sur le type de femmes que nous recherchions et sur nos activités sexuelles. Nous lui avons répondu d'un même cœur que nous étions mariés et que nous comptions rester fidèles. Nous avons appris que ce lieu était fréquenté par de nombreux footballeurs professionnels. Avec Aurélien, nous n'étions pas à l'aise dans cet endroit, cela rappelait trop de mauvais souvenirs. Il voulait partir lorsqu'un groupe de Français a débarqué. Il s'agissait d'une partie de l'équipe de l'ambassade de France qui venait se détendre pour le week-end. Craignant qu'ils puissent penser que nous menions une double vie, j'ai encouragé Aurélien à rester quelques instants pour leur expliquer ce que nous faisions ici. Nous avons vécu en effet une conversion si radicale avec Christ que nos plaisirs d'avant ne nous attirent plus. J'avais expérimenté une scène similaire dans la vingtaine alors que j'étais en deuxième année de STAPS de Nantes. Sous la pression d'amis venus d'Angers pour participer à la célèbre soirée étudiante « tonus STAPS », j'avais accepté d'y aller avec eux. Mon objectif était de passer un bon moment et de pouvoir aussi leur partager ma rencontre avec Christ. Mais je savais qu'à un moment, ils iraient draguer dans un élan du « chacun pour soi ». Dans ces moments-là, je les attendais sur une banquette où je commençais ma nuit. Quelques années plus tard, j'ai gardé la même ligne de conduite et le même désir de proposer une autre voie. Fort de mes expériences, je connais les tentations auxquelles tout homme est confronté notamment lorsqu'il y a un effet de groupe. Je sais ce qui se passe dans les pré-saisons des clubs de football ou de rugby. Je ne suis pas là pour condamner ces joueurs mais pour dire qu'il existe un meilleur chemin ! C'est pourquoi je prie régulièrement pour les sportifs.

Une grande tentation guette l'Église, c'est quand elle veut récupérer ce qui est sensationnel et plaire à la société. Quand une célébrité affiche sa foi ou sa croyance, le milieu chrétien veut la « manger à toutes les sauces ». Et il y a danger. La « star » a besoin d'être considérée comme une personne normale. C'est un réapprentissage pour elle de se dire qu'elle n'est pas plus importante aux yeux de Dieu que la vieille dame de quatre-vingt-dix ans qui œuvre dans l'anonymat le plus total. Par ailleurs, c'est important de préserver la confidentialité et l'intimité de ces personnalités. Nous avons perdu ces valeurs dans beaucoup d'églises. La moindre anecdote partagée dans le privé peut ressortir, sans autorisation, dans le public. Il y a un véritable danger pour le pasteur de chercher à se mettre en avant. C'est pourquoi, je veille à garder le secret de situations qui n'ont pas à être exposées.

Dans l'excellent documentaire *Le poids de l'or*[1], le regretté Steven Holcomb qui s'est suicidé, partageait : « j'avais peur qu'on me voie comme une personne

1. Documentaire *Le poids de l'or*, de Michael Phelps, 2020.

fragile ou qu'on me dise "Il ne faut pas compter sur lui… Mentalement il n'est pas taillé pour être…" Peu importe, on ne veut pas que ces bruits courent. […] J'ai gardé ça pour moi. »

C'est un gros chantier pour les responsables d'églises et pour moi-même de faire attention avec ces célébrités, de ne pas les mettre sur un piédestal et d'être prudents sur ce qu'on dit à leur sujet. Par exemple, je côtoie des personnalités du monde du sport ou du divertissement aussi connues, voire plus connues qu'Olivier Giroud mais personne ne le sait, à part ma femme. Même mes enfants ne sont pas au courant car ils pourraient ébruiter les choses. Je ne cherche pas le 100 % buzz. Lors de son temps sur terre, Jésus n'a jamais cherché à être populaire ; à certains moments il a même empêché des personnes de parler de la révélation qu'ils avaient reçue, car son heure n'était pas encore venue. Jésus ne cherchait pas à faire sa propre volonté mais Il était obéissant et soumis à son propre Père.

Je me place aussi en tant que porte-parole des pasteurs intervenant chaque semaine auprès de la jeunesse. Ils mettent beaucoup d'énergie et d'attention dans la prévention des dangers. Mais qui un jeune va-t-il écouter ? Un pasteur intègre qui partage avec fidélité l'Évangile ou un footballeur riche et célèbre aux mœurs légères ? Qui aura le plus de poids et le plus d'influence ? Le pasteur peut trouver son réconfort dans une parole de Jésus : « Tout arbre qui ne porte pas de bons fruits est coupé et jeté au feu. C'est donc à leurs fruits que vous les reconnaîtrez. Ceux qui me disent : Seigneur, Seigneur ! n'entreront pas tous dans le royaume des cieux, mais celui-là seul qui fait la volonté de mon Père qui est dans les cieux[1]. »

Connaissez-vous l'histoire de Charles Thomas Studd, l'un des plus grands sportifs de sa génération ? Il jouait pour l'équipe anglaise de cricket en 1882. Charles Thomas était aussi riche et célèbre. Sa fortune a été évaluée à 25 millions de livres sterling, s'il avait vécu à notre époque. Un jour, il a lu cette parole de Jésus : « Si un homme parvient à posséder le monde entier, à quoi cela lui sert-il s'il perd sa vie[2] ? »

Sa réponse a été la suivante : « Je devais soit être un voleur et garder ce qui ne m'appartenait pas, soit tout abandonner pour Dieu. Lorsque j'ai vu que Jésus-Christ était mort pour moi, il ne me semblait pas difficile de tout donner pour lui. Je savais que le cricket ne durerait pas, que l'honneur ne durerait pas, que rien au monde ne durerait. Mais il valait la peine de vivre pour le monde à venir… Si Jésus était Dieu et était mort pour moi, alors aucun sacrifice de ma part pour lui ne pourrait être trop grand[3]. »

C'est ainsi qu'il a consacré sa vie à partager autour de lui le message d'espérance du christianisme ainsi que sa fortune personnelle aux plus démunis notamment au profit des orphelinats gérés par Georges Müller[4], un autre héros de la foi. Dans la biographie consacrée à CS Studd, l'auteur Norman Grubb écrit : « Il ne regretta jamais

1. Matthieu, chapitre 7, verset 20.
2. Matthieu, chapitre 16, verset 26.
3. Norman GRUBB, *Charles Studd, Champion de Dieu*, Éditions CLC, nouvelle édition 2019.
4. Irene HOWAT, *Dieu pourvoira. La vie de George Müller*, Éditions la Colline, 2021.

d'avoir joué au cricket... Ces efforts furent une école du courage, d'oubli de soi et d'endurance, que Studd mit au service de Christ une fois qu'il lui eût pleinement consacré sa vie ». Vivre « 100 % pour Jésus » c'est être en harmonie avec Ses dons et Son Donateur. 100 % Jésus, ce n'est pas compter sur la chance mais compter sur la faveur imméritée de Dieu, la Grâce.

Chapitre 10

CONFESSIONS D'AUMÔNIER

> La performance humaine est arrivée à son maximum. Mais il y a une exigence de pérennité de ce spectacle : il ne faut pas que les gens s'ennuient, il faut continuer à donner du jeu au peuple ! On est obligé de mettre les corps des sportifs dans des situations de plus en plus dangereuses pour eux-mêmes. Il faut voir que les sportifs deviennent comme des populations sacrifiées pour le bien de la paix sociale des autres.
>
> Claire Carrier, Psychiatre,
> Médecin du Sport, documentaire
> *Le Revers de la médaille*, Arte, 2014

Depuis 2011 je me forme dans l'accompagnement des sportifs de haut niveau. C'est en 2013, grâce à l'aumônier de l'équipe de rugby et rugby-fauteuil du Pays de Galles en visite en France, que j'ai pu découvrir le rôle d'aumônier du sport au sein des clubs et des grands événements sportifs. Je me suis alors formé à partir de 2014 en Angleterre avec Sports Chaplaincy UK et j'ai commencé à être sollicité et accrédité lors de compétitions européennes dans l'handisport. Lorsque j'ai été accrédité en 2016 pour les Jeux paralympiques de Rio, je fus le premier aumônier protestant français depuis 1988 pour des Jeux d'été. Le Comité d'organisation des Jeux de Rio a donné son nombre d'aumôniers accrédités très tardivement et pour des raisons budgétaires en a réduit le nombre, même si ce ne sont pas les aumôniers bénévoles qui leur coûtent cher. Nous n'avons pu réserver les billets d'avion, à notre charge, que deux mois avant les Jeux. Nous avions en effet reçu le papier officiel qu'un mois avant. Dans cette même période, avec mon épouse, Emily, nous attendions notre troisième enfant. J'ai pu expérimenter la pression et le stress que ces incertitudes engendrent dans la carrière d'un sportif au niveau familial. Il est fréquent que des athlètes n'apprennent leur sélection pour une compétition internationale qu'à la dernière minute. J'étais en paix car j'étais convaincu que je devais partir à Rio et que je serais présent pour l'arrivée de notre petite Elsy. Quelques mois avant, lors d'une soirée de prière à l'église, un prédicateur itinérant ne me connaissant pas m'avait apporté une parole spécifique. Il me disait que Dieu allait m'accorder une période de percée dans mon domaine, après m'avoir testé pendant cinq ans où j'avais été mis sous pression, « car Dieu voit les fruits de ton travail. Dieu voit ton cœur de serviteur et comment tu connectes les personnes entre elles. » Chez les évangéliques, nous appelons ce type de parole une parole prophétique. Elle est une preuve que Dieu parle encore aujourd'hui pour nous guider. Pour moi cela a été d'une grande utilité.

J'avais cette intime assurance que Dieu m'avait fait une promesse spécifique. Forcément pour Emily c'était plus compliqué à vivre au niveau émotionnel mais aussi organisationnel. C'était en plus un accouchement particulier car nous avions choisi qu'il se ferait à domicile. Ce fut une vive émotion que de pouvoir assister Emily, à l'aide d'une sage-femme tout de même, en étant pleinement acteur de l'accouchement. Elsy est née avec deux semaines d'avance. Nous étions tous soulagés. J'ai pu profiter pleinement de son arrivée pendant une semaine. Puis je suis parti à Rio rempli de joie et de paix malgré les vingt jours de déplacements. J'ai accepté de prendre le flambeau comme pionnier d'une nouvelle ère au service du bien-être des athlètes français et francophones en tant qu'aumônier du sport. Mon engagement a réveillé chez certains un désir de servir les sportifs. Au fil de mes formations, notamment avec l'organisme international chrétien d'aumônerie du sport, j'ai dispensé un cursus de formation d'aumônier et mentor au sein de l'association Holistic Sports. J'ai eu la joie d'être accompagné par ma collègue Suisse, Sandrine Ray, Christopher Hughes et Matt Gwynne, un Néo-Zélandais qui vit en France. Au cours de ces quatre dernières années, nous avons formé près d'une quarantaine de personnes en France à devenir accompagnateur spirituel, mentor ou encore aumônier dans un club ou une grande compétition. J'ai travaillé pendant plusieurs années à la mise en place d'un service d'aumônerie au club de rugby de Toulouse Olympique où Matt a pu être affecté en 2022. J'ai aussi œuvré à la mise en place d'un service d'aumônerie protestante dans le centre de soins et de rééducation de Kerpape qui accueille des sportifs de haut niveau valides et handisports et j'y assure des permanences.

En janvier 2020, j'ai organisé au CREPS de Châtenay-Malabry un séminaire sur la santé mentale positive avec l'aumônier de l'équipe de football d'Écosse, Mark Fleming. J'étais loin d'imaginer combien cela serait si pertinent et si bénéfique pour notre équipe d'aumôniers, pour notre propre bien-être et celui des sportifs que nous accompagnons.

La crise sanitaire du covid a révélé l'état psychologique et spirituel des sportifs de haut niveau. Ceux que l'on avait jusque-là érigés au rang de « dieux des stades », ont montré leurs fragilités et leur vulnérabilité. Il semblerait que le grand public ait découvert la notion de santé mentale à partir de mars 2020 !

Pour ma part, j'ai contracté le covid au début de la pandémie mais j'ai pu malgré tout garder le contact avec des sportifs pendant ma convalescence. Même si mon corps souffrait horriblement et que je devais rester allongé, cela ne m'empêchait pas d'organiser des temps de partage et de prière par visio-conférence. Dans ma faiblesse, j'étais mélancolique tout en étant porté par cette prière de l'apôtre Paul que je partageais avec les sportifs : « Christ est ma vie et mourir représente un gain. Cependant, s'il est utile pour ma tâche que je vive ici-bas, je ne saurais dire ce que je dois préférer. Je suis tiraillé des deux côtés : j'ai le désir de m'en aller et d'être avec Christ, ce qui est de beaucoup le meilleur. » Hervaine Moukam qui participait à ces réunions m'a dit : « Joël, ta mission n'est pas finie, on a encore besoin de toi. »

Son encouragement m'a aussi donné envie de me battre pour ma famille, pour mes amis sportifs. J'ai décidé de ne pas me laisser dominer par cette maladie.

Malgré ma faiblesse, j'ai grimpé sur mon vélo d'appartement pour renforcer mon système immunitaire.

Au cours de cette crise sanitaire, j'ai pu accompagner des sportifs luttant avec leur santé mentale. Moi-même, je reconnais être passé par des moments de grandes fragilités où je n'avais goût à rien. C'est en mettant en pratique les conseils reçus dans cette formation sur la santé mentale positive que j'ai pu tenir le cap. Je vous partage deux clés très pratiques :

- Avoir une pratique sportive régulière. Je vous propose de faire chaque jour 25 pompes. Cela développe l'hormone de la dopamine qui stimule votre motivation.
- Être reconnaissant : la gratitude affecte positivement le cerveau, elle augmente la sécrétion de dopamine et de sérotonine, deux hormones du bonheur.

Malgré nos difficultés passagères, nous pouvons tous trouver des moyens d'être reconnaissants et je le suis envers un entraîneur d'un club professionnel : j'avais passé plusieurs rendez-vous à l'écouter. Il se trouvait isolé et cherchait une personne digne de confiance. Après plusieurs mois d'échange, il m'a appelé mais je ne pouvais pas décrocher car j'étais déjà en rendez-vous. J'ai décidé de l'appeler le lendemain mais il n'a pas décroché. Mais dans la minute qui a suivi, il m'a rappelé. « Désolé Joël, j'ai raté ton appel car j'étais avec Samuel Eto'o (président de la Fédération de football du Cameroun, et ancien footballeur international), quand j'ai vu que tu appelais, je lui ai dit que j'avais un appel important, que je le rappellerais. »

Cela m'a fortement touché. Car jamais je n'aurais imaginé être plus important pour lui que le célèbre Eto'o. Je prends ces instants comme des encouragements à persévérer dans l'utilité d'une vocation si atypique.

La question du bien-être est un enjeu d'importance majeure dans notre monde moderne. Plusieurs exemples pourraient servir à l'illustrer, mais celui qui me semble le plus frappant est le retrait de Simone Biles de plusieurs compétitions olympiques à Tokyo en 2021, évoquant son bien-être mental comme raison de son forfait[1].

Simon Biles a été victime d'abus sexuels quelques années auparavant. Sa situation entre dans le cadre du scandale de l'affaire Larry Nassar[2] aux États-Unis.

« Je rends responsable Larry Nassar et je rends responsable un système entier qui a permis et perpétré ces abus, la Fédération américaine de gymnastique et le Comité olympique américain », a dit Simone Biles, immense championne multimédaillée d'or.

Cinq ans après ces tragiques événements, la jeune femme décide de dire stop. « Des blessures longtemps gardées secrètes par les sportifs, parce qu'une entorse est plus facile à annoncer qu'une détresse psychologique, parce qu'il n'y a pas de béquilles ou de plâtres pour soigner les maux invisibles de l'âme[3]. » Sur NBC, elle

1. FranceInfo Sport, 1er août 2021, « JO 2021 – Gymnastique : Simone Biles également forfait pour la finale du sol lundi », [en ligne].
2. France 24, 16 septembre 2021, « "On nous a laissés tomber", dénonce Simone Biles devant le Congrès américain », [en ligne].
3. *Paris Match*, 29 janvier 2021, « Le courage de Simone Biles face à ses démons intérieurs » [en ligne].

a expliqué devoir faire face à ses « démons intérieurs ». « Je dois faire ce qui est bon pour moi et me concentrer sur ma santé mentale et ne pas compromettre ma santé et mon bien-être. En fin de compte, nous sommes aussi humains, nous devons protéger notre esprit et notre corps, plutôt que de faire ce que le monde attend de nous », a-t-elle expliqué. Sur Instagram, elle a ensuite confié « avoir le sentiment d'avoir le poids du monde sur [ses] épaules. » « Je sais que je fais croire que je ne suis pas affectée par la pression, mais mince, parfois, c'est difficile ! Les Jeux olympiques ne sont pas une blague », a-t-elle ajouté. L'affaire de la gymnaste Biles lors des Jeux olympiques de Tokyo a-t-elle réveillé les consciences après un an de pandémie ?

Autre exemple marquant, le retrait de la compétition de la tenniswoman Naomi Osaka. Que penser de ces difficultés rencontrées qui l'ont poussée en mai 2021 à boycotter les médias pour préserver sa santé mentale[1] ?

Quel changement durable pour l'accompagnement des sportifs ? Qui sera là pour traiter ce que Biles appelle ses « démons » qui viennent perturber ses performances sportives ? Qui permettra aux sportifs de pouvoir être vrais et authentiques ?

Cette phrase de Michael Phelps, nageur américain, multimédaillé olympique, est saisissante : « Nous ne sommes que des humains. » Je doute que le fait d'exposer sa vie sur Netflix comme Naomi Osaka, la joueuse de tennis japonaise, soit un bon remède. Il y a un vrai

1. *L'Équipe*, 31 mai 2021, « Naomi Osaka déclare forfait pour la suite de Roland-Garros » [en ligne].

danger à tout déballer sur la place publique sans travail de fond en amont.

À l'été 2020, je rends visite à un collègue aumônier d'un club de rugby professionnel. Nous faisons l'état des lieux de la santé mentale des sportifs en Europe. Son constat est aussi alarmant que le mien. Trop de joueurs sont isolés avec des problématiques psychologiquement lourdes à assumer. Ses propos me confirment qu'il faut agir concrètement !

J'ai donc eu à cœur de mettre en place, avec mon association Holistic Sports et une équipe de bénévoles, une ligne d'écoute[1] pour les sportifs de haut niveau. Ce service gratuit auprès des sportifs en période de crise sanitaire a suscité la curiosité de plusieurs médias comme *Le Parisien*, *Ouest France*, *Europe 1* ou *Radio France* qui ont relayé l'information et ont permis à la ligne d'écoute de gagner en visibilité.

Voici un extrait du *Parisien*[2] :

« De 10 heures à 22 heures, sept jours sur sept, une équipe de six personnes propose une oreille attentive, un temps pour libérer la parole, conseiller et orienter au besoin. La crise sanitaire impacte toute la société et les sportifs ne forment pas une catégorie à part, explique Joël Thibaut, le président de l'association, aumônier aux Jeux olympiques et paralympiques. Au contraire. Ça peut même être plus difficile quand on se sent fragilisé soudainement alors qu'on renvoie une image de force au quotidien.

1. La ligne d'écoute est toujours active au numéro suivant : 09 80 80 01 77.
2. *Le Parisien*, 17 novembre 2020, « Confinement : une ligne verte pour aider les sportifs professionnels en temps de crise », [en ligne].

Qu'avez-vous observé, chez les sportifs de haut niveau, au cours du premier confinement ?

"L'arrêt des compétitions a d'abord été vécu positivement. Pour la plupart, il a offert une soupape de décompression, une coupure après un rythme infernal et au sein de calendriers surchargés. Après les trois premières semaines, cela a été beaucoup plus difficile. Ils étaient privés de l'exercice de leur métier et, pour beaucoup, confrontés à cette question identitaire : qu'est-ce qui me reste sans le sport ?" »

Lors d'une des interviews, un fait m'a particulièrement marqué. Alors que je remercie le journaliste de Radio France d'avoir spécialement fait la route depuis Paris pour enregistrer ce sujet, il me répond : « Non c'est vous, merci, bravo pour ce que vous faites pour les sportifs, on a besoin de cette bienveillance dans ces temps difficiles ». Un véritable encouragement pour l'équipe de bénévoles à mes côtés dans ce travail qui semble être une goutte d'eau au milieu d'un océan ! Car si notre ligne d'écoute ne sonne pas en permanence comme le standard d'une *hotline* d'opérateurs de box, nous avons eu au moins le mérite de proposer une aide concrète en situation de crise. À travers les appels que nous avons reçus, nous avons ressenti le questionnement des sportifs sur leur avenir et parfois leur détresse. À titre d'exemple, nous avons accompagné un entraîneur de tennis perdant des heures de contrat et mis par conséquent sous pression financière et familiale. La ligne a aussi trouvé écho chez des étudiants en STAPS décrochant dans les cours en distanciel, mais aussi auprès des sportifs de haut niveau en situation précaire, qui se retrouvent sans activité du jour au lendemain. De même, ceux qui ont subi quasiment deux saisons blanches, bloqués dans leurs rêves d'intégrer l'élite, ont pu bénéficier de notre soutien. Cela va des problèmes de sommeil à une perte de motivation, en passant par des addictions et en allant malheureusement jusqu'au suicide dans les situations les plus extrêmes. Ce qu'il faut éviter, c'est l'isolement que peut amplifier l'anxiété générée par le contexte sanitaire et ses conséquences. Quand ils se retrouvent face à eux-mêmes, certains sportifs se sentent démunis et ne savent pas comment agir. Le risque, c'est de se laisser aller, faute d'accompagnement. Certains sportifs ont contracté le covid, à l'entraînement ou en compétition. Ils se découvrent alors une certaine fragilité physique et mentale dont ils ont honte. La récupération physique mais aussi émotionnelle prend du temps. J'ai en tête un athlète international qui attendait l'avis de son médecin pour savoir s'il pouvait effectuer une promenade autour de chez lui dans le cadre des attestations de sortie. Ils sont habitués à écouter, à ce qu'on organise leur quotidien. Mon rôle a été de faire preuve de bon sens et de l'encourager à sortir se promener en forêt malgré sa mise en quarantaine. On ne peut pas empêcher les gens de s'aérer la tête tout en prenant bien évidemment en compte les distanciations sociales.

Cette situation sanitaire laisse des traumatismes que l'on ne soupçonne même pas. Le business du sport ne doit pas s'arrêter : « il faut continuer à donner du jeu au peuple ! »

Un joueur comme Jean-Kévin Augustin[1] du FC Nantes a subi les conséquences du covid long. Ce qu'il partage dans la presse est édifiant et nous montre que les besoins holistiques sont à prendre en compte.

Cela me rappelle un appel géré sur notre ligne d'écoute. Le téléphone sonne… je décroche…

– Bonjour, vous êtes bien sur la ligne d'écoute Holistic Sports, en quoi puis-je vous aider ?

– Bonjour, on m'a donné votre numéro, je ne sais pas pourquoi je vous appelle, mais je crois que c'est important que je le fasse, une amie chrétienne m'a parlé de votre travail auprès des sportifs de haut niveau.

– Oui cette ligne est faite pour vous écouter. Je vous assure la confidentialité de nos échanges.

– Ah d'accord. C'est important car ma famille ne doit pas savoir ce que je vais vous dire. Je suis un athlète olympique, mais avec la crise du covid j'ai perdu des sponsors. Les compétitions ne peuvent pas reprendre. J'ai fait des mauvais choix avec mon argent… je suis ruiné. Les gens du milieu m'ont tourné le dos, il y a moins d'argent et comme j'ai pris de l'âge, je suis moins intéressant pour eux… J'ai honte, je suis isolé, je ne peux pas dire la vérité à ma famille ! Je n'ai même pas de quoi leur acheter des cadeaux pour les anniversaires. Je me suis embarqué dans une succession de mensonges…

L'appel dure une heure… Je lui pose quelques questions sur la gestion de ses finances.

– Comment en êtes-vous arrivé à tout perdre ?

---

1. *Ouest France*, 22 janvier 2022, « Jean-Kévin Augustin, l'histoire d'un retour : « Il fallait sauver l'homme, avant le joueur » [en ligne].

– J'aime faire plaisir aux autres.

Je l'interpelle sur son besoin d'être aimé des autres. Je le questionne sur son rapport à Dieu. Il me raconte son histoire avec l'Église, comment il a été dégoûté par une hyper-spiritualité dans sa famille, des journées entières à l'église à chanter et à prier sans trop comprendre pourquoi… Il voit cela comme du temps volé pour développer ses relations avec sa famille.

À l'issue de notre entretien je lui propose :

– Voulez-vous que je prie pour vous ?

– Oui je veux bien.

Tout en respectant son anonymat, je fais jouer mes réseaux dans son sport ! J'appelle un ami entraîneur professionnel, pour savoir ce qu'il est possible de faire pour cet olympien. Quelques jours après, je rappelle le sportif en lui donnant le numéro de mon ami qui peut l'aider à se relancer et qui peut lui trouver des sponsors ! Quelques mois plus tard, ce sportif retrouvera un contrat et flambera à nouveau son salaire sur un spot paradisiaque à la mode… À ce jour, je n'ai reçu aucune nouvelle.

Ce genre de situations éprouve nos motivations en tant qu'aumôniers. Nous apprenons à ne jamais chercher la reconnaissance des sportifs que nous servons mais à nous confier dans l'amour inconditionnel de Dieu. C'est là qu'est notre véritable identité. C'est ce que Jésus a enseigné et c'est le meilleur conseil que je pourrais donner à un jeune aumônier en début de carrière. Quoi que vous fassiez, faites-le non pour les hommes mais pour le Seigneur. Depuis que j'accompagne des sportifs de haut niveau, que ce soit dans le cadre de l'aumônerie officielle comme aux Jeux olympiques et paralympiques, aux mondiaux d'athlétisme par exemple ou dans un cadre privé, j'ai appris à développer une oreille attentive !

Régulièrement, les sportifs se confient à moi que cela soit à travers une permanence, un appel informel, un entretien planifié ou autour d'une étude biblique. Mais j'avoue que certaines confidences sont lourdes à porter ! L'aumônier est souvent seul face à l'insoluble. Bien que dans les grands événements, nous sommes amenés à travailler en équipe, ce que les sportifs nous partagent relève de la confidentialité. Le soutien que nous pouvons recevoir est dans la prière. Il m'arrive de me sentir seul… humainement parlant ! Ce sont des opportunités pour grandir dans une dépendance à Dieu, pour apprendre à vivre dans le repos de Dieu. Notre société nous pousse tellement à être performant qu'il est difficile d'apprendre à être, tout simplement ! Une grande partie du travail se fait dans l'invisible. La prière est le refuge de l'aumônier, c'est là qu'il trouve Dieu, son meilleur allié. Vous n'imaginez sûrement pas les traces que certains entretiens d'1 heure 30 peuvent laisser. L'énergie que cela demande pour bien écouter, poser les bonnes questions, encourager mais aussi pour approfondir des situations complexes. Des experts comme Lowen parlent d'une dépense énergétique importante dans les métiers liés au rapport sociaux. « Les intervenants sociaux doivent donc s'attendre à utiliser une grande partie de leur énergie pour aider leur "*client*" à redémarrer. Nous pourrions utiliser ici une batterie de voiture comme analogie. Lorsqu'un "*client*" est en panne, il a besoin de l'énergie d'une autre batterie pour pouvoir redémarrer[1]. »

Lors d'une compétition internationale para-athlétique pour laquelle je suis accrédité comme aumônier, je côtoie les équipes francophones. Au cours d'un repas où je suis attablé avec plusieurs athlètes français, l'un d'eux se confie au milieu du brouhaha. Penchant sa tête vers moi il me glisse d'une voix tremblante et déconfite : « Je suis à bout, j'ai envie de mourir, je n'en peux plus. »

Ce souvenir reste gravé dans ma mémoire. Je suis resté bouche bée ! Je n'étais pas prêt à cela. Je propose à cet athlète, s'il le souhaite, de continuer cette conversation dans un lieu plus calme. À côté du restaurant se trouve notre salle d'aumônerie, un lieu de recueillement et de prière. Je l'invite, il accepte. Nous échangeons. Je le questionne sur ce qui l'a amené vers ces sombres pensées. Sa réponse me glace : « J'ai fini 3e ». Je prends encore plus conscience du poids de la performance sur l'état d'âme d'un sportif. J'ai l'impression d'être dans le film *Les chariots de feu*, quand l'athlète Abraham, excédé par une défaite, déclare : « Si je ne gagne pas, je ne courrai plus ». Mais c'est avec une belle répartie que sa petite amie lui rétorque : « Si tu ne cours plus, tu ne gagneras plus ! »

Il est difficile pour une personne qui n'a pas consacré sa vie au sport de comprendre combien les sacrifices, les efforts, peuvent être réduits à néant par une médaille de bronze ! En sport, si on n'est pas premier, on n'est rien.

---

1. Alexander LOWEN cité par Michelle ARCAND et Lorraine BRISSETTE, *Accompagner sans s'épuiser*, Éditions Lamarre, p. 6.

Le rappeur Booba l'exprime avec concision dans son morceau « 92i Veyron » : « Les vainqueurs l'écrivent, les vaincus racontent l'histoire. »

Au cours de notre échange, je lui propose la prière. Il accepte. L'athlète prie aussi et à ma grande surprise me cite un passage du Nouveau Testament qui lui vient à l'esprit ! « Tout ce que Dieu a créé est bon. » L'athlète a fréquenté l'Église un temps mais a décroché à la suite d'un accident. Je découvre qu'il se préparait avant cet événement pour les Jeux olympiques. Au cours de ce temps de prière, Dieu lui rappelle que même avec un handicap, il reste une personne humaine à part entière. Je lui propose d'en faire la lecture plus complète. Comme par hasard, il s'agit du passage où l'apôtre Paul parle de l'activité physique par rapport à l'intimité avec Dieu et la vie éternelle[1]. Abattu et désespéré, ce sportif est reparti vivifié : Dieu avait fait un miracle ! Quelques jours après, cet athlète gagnait une médaille d'or sur une autre distance. Je ne saurai jamais si ce fut un coup de blues passager ou une véritable volonté de passage à l'acte, mais j'ai eu le sentiment d'avoir été utile au bon endroit, au bon moment, pour prôner la vie.

En mars 2022, j'ai l'occasion de voir l'excellent documentaire de Michael Phelps, *Le poids de la gloire*[2]. J'ai pleuré. J'ai réalisé que ce n'est sûrement pas un coup de blues mais bien une réalité que vivent de nombreux sportifs.

1. 1 Timothée, chapitre 4, verset 4.
2. Disponible sur le site de *L'Équipe*.

La question du suicide revient régulièrement et pendant la période de crise sanitaire plusieurs sportifs sont malheureusement passés à l'acte. Je sensibilise régulièrement la jeunesse lors de mes conférences dans les collèges et lycées. J'ai coutume de dire que le suicide est une échappatoire définitive à un problème temporaire. Il y a toujours une solution, lorsqu'on cherche de l'aide. La vie est précieuse.

J'ai vécu un épisode qui m'a marqué dans le soutien apporté aux sportifs pendant le confinement. J'accompagnais un footballeur de la réserve du PSG. Ses performances ne décollaient pas, son avenir était incertain. Il avait des idées noires. Il s'est beaucoup confié. Un matin, je lui ai envoyé un message, et, sans nouvelle de sa part, j'ai réitéré le soir. J'ai aussi essayé sur son compte Instagram. Pas de réponse, j'étais très inquiet. J'ai imaginé le pire. J'ai mal dormi, j'ai remis cela dans la prière. Le lendemain après-midi, j'ai reçu un message. Quel soulagement! Il avait décidé de couper son téléphone pour prendre du temps pour méditer la Bible.

Dans mon service, il m'arrive d'écouter des sportifs que je ne vais rencontrer qu'une seule fois dans ma vie. Pour certains, je connais juste leur prénom. Je ne sais pas forcément s'ils sont de grands champions dans leurs disciplines. C'est le rapport humain qui prime en dehors de toute considération de palmarès. Nous leur offrons un espace pour être eux-mêmes.

Pour d'autres, nous allons nous revoir une fois par an, à des compétitions nationales puis tous les deux ans pour les compétitions internationales ou européennes. Puis il y a ceux qui se trouvent dans l'accompagnement de mentorat, que je peux voir chaque semaine, tous les quinze jours, ou une fois par mois en fonction du planning et du souhait du sportif. Il arrive que je sois affecté par les confidences que l'on me fait parce que je me rends compte de la souffrance endurée. D'autres fois, je suis écœuré par la conséquence de leurs choix autodestructeurs. Tellement de familles se déchirent à cause de problèmes d'argent, de sexe, de conflits relationnels. Je prends certaines confessions comme des coups en plein visage. Cela ne me laisse pas insensible. Ma plus grande difficulté est de devoir gérer tout ce poids seul. Je ne peux en parler à personne. Je suis tenu au secret professionnel, même mon épouse n'est pas au courant des situations que l'on me confie. Je la protège aussi. Elle connaît bien la situation, ses parents ont travaillé pendant des années dans la relation d'aide. Elle me connaît par cœur, elle sait quand cela me pèse. Parfois j'ai envie de pleurer tant j'ai le cœur brisé par leurs situations ! Je ressens souvent un mélange de tristesse et de colère quand je vois des sportifs retomber dans leurs travers. Et je me rappelle que je ne suis pas mieux qu'eux, que moi aussi j'ai mes zones d'ombres. À la différence d'eux, tous mes faits et gestes ne sont pas traqués par les médias, les paparazzis, ou relayés sur les réseaux sociaux… Quelle pression sur leurs épaules ! Certains sportifs m'ont confessé ne pas vouloir monter trop haut en niveau car cela leur donne le vertige, toutes ces convoitises… Ce monde est à la fois séduisant et un broyeur pour qui n'a pas préparé son cœur. Ils y laisseront des plumes et il y aura des dégâts dans leur entourage. Il n'est pas rare qu'un sportif me précise qu'il n'a jamais osé dire à quelqu'un ce qu'il me confie. Ils n'ont pas la force de prier eux-mêmes, ils se sentent souvent honteux et sales. C'est une magnifique opportunité de découvrir comment Dieu est riche en compassion et bienveillant envers ceux qui le cherchent. Mon amour pour les sportifs est imparfait tout comme ma patience est limitée. Quand le découragement me gagne, je me rappelle combien Dieu a fait preuve de patience envers moi.

Dans nos métiers d'accompagnement à la personne, des services de supervision se développent. En France c'est encore rare. La première fois que j'en entends parler c'est à travers ma collègue, aumônier du sport, Sandrine Ray. Elle bénéficie de cette aide en Suisse. Lors d'un cours pour l'obtention de mon diplôme universitaire d'aumônerie de la santé, la question de la supervision a été abordée. Je suis curieux et intéressé, je pose des questions à l'intervenante à ce sujet. Je sens que j'en ai besoin, mais je découvre qu'il y a peu de personnels compétents et disponibles. De plus, cela a un coût financier. C'est à nous de payer ce service. Je ne veux pas faire de l'argent un obstacle, mais mis bout à bout, vivre de cette vocation est un véritable chemin de croix. Pour vous donner une idée, lorsque je suis aumônier aux Jeux olympiques, je dois financer mon billet d'avion, mon hébergement, mon matériel pédagogique, en plus du financement de mes charges sociales chaque mois, de mes cotisations et de mon indemnité mensuelle. Alors quand j'entends qu'une séance de supervision coûte entre 50 et 100 €, je suis surpris. Un aumônier intervient de manière bénévole et gratuite pour les participants à la compétition. Notre seul avantage est d'avoir une accréditation et d'avoir parfois les repas fournis ainsi qu'une tenue officielle d'un équipementier sportif, comme les autres volontaires des événements. Il m'arrive d'être découragé par l'ampleur de la tâche et toutes les contraintes qui en sont liées. Heureusement je peux compter sur un ami, un confident qui est pasteur d'une église locale. C'est un ancien sportif de haut niveau, il me comprend bien. Avec lui je peux être authentique, comme les sportifs le sont avec moi, sans tabou, sans retenue ! J'ai le privilège d'avoir une épouse à mon écoute aussi. Elle sent quand la situation est compliquée. Cela n'a pas toujours été facile pour elle de comprendre que je ne pouvais pas parler ! Mais j'ai dû apprendre à lui exprimer mes émotions, ce qui a été très longtemps pour moi un combat. Je voulais paraître plus fort que je ne l'étais. Ce travail spécifique m'a appris à lâcher prise, à ne pas vivre sous le poids de la performance, du nombre de consultations. Il peut arriver que lors de grands événements, rien ne se passe pendant une journée, aucune visite à la permanence, aucun contact… La solitude, le sentiment d'inutilité ! Le combat dans mes pensées est parfois violent ! Heureusement le Christ est là pour me rappeler non sans humour « que je suis un serviteur inutile[1] ». Cela me rend humble. Je ne suis pas un super héros, le sauveur des sportifs, juste un instrument entre ses mains pour partager son message d'amour et d'espérance.

L'un de mes formateurs anglais en aumônerie du sport m'a dit un jour : « Il se peut qu'il ne se passe rien pendant une journée ou plusieurs mais si tu n'es pas là,

1. Évangile de Luc, chapitre 17, verset 10.

tu peux être sûr qu'il ne se passera rien. La présence d'un aumônier peut changer les choses ! » Les rencontres ne sont pas de notre ressort, ce sont des rendez-vous divins, comme je l'ai vécu lors de mondiaux *indoor* d'athlétisme en 2018 à Birmingham. Après les mondiaux d'athlétisme de Londres 2017, je suis à nouveau accrédité comme aumônier sept mois plus tard. Cette ville industrielle du nord de l'Angleterre, réputée pour ses murs de briques rouges, est sous la neige. Lorsqu'on est enfant c'est un moment de joie très festif mais lorsqu'on est un athlète c'est un facteur de stress supplémentaire. Car les avions ne peuvent pas atterrir à Birmingham et sont détournés à Londres. Les athlètes et leur staff devaient faire le reste du trajet en taxi, soit près de trois heures de route. Un athlète francophone avec qui j'ai sympathisé dans les salons de l'hôtel vient me chercher car un de ses amis athlètes a un problème. Il est arrivé à l'hôtel sans ses affaires de compétition et d'entraînement restés dans la soute de l'avion. Comme il fait partie d'une petite nation francophone, il est l'un des seuls représentants de son pays, il n'a pas son staff avec lui. En comparaison de l'équipe de France d'athlétisme, tous les athlètes ne sont pas égaux. Il n'a pas d'intendant ni de *team manager* ! Son entraîneur n'arrive que le jour de la compétition. Pour couronner le tout, il ne parle pas anglais ! Il me demande de l'aide. Il est 17 heures. Il neige fort dehors. Je file à la réception de l'hôtel auprès des volontaires des mondiaux d'athlétisme pour lancer la recherche du sac ! Pas de nouvelles. J'attends quinze minutes, j'obtiens enfin des informations. Le sac n'arrivera que le lendemain. J'en fais part à l'athlète. Son visage se décompose. Son maillot national est dedans ! Il doit s'entraîner le lendemain matin ! Ce sont ses premiers mondiaux et il ne sait pas s'il va pouvoir courir sous les couleurs de son pays !

Après quelques échanges, je lui propose d'aller lui acheter des affaires d'entraînement. Les magasins ferment à 18 heures. Je pars dans une course contre la montre dans les rues enneigées de Birmingham. J'arrive à Sport Direct dix minutes avant la fermeture. Je trouve rapidement le rayon athlétisme, je prends un short, un collant, un maillot à manches longues, un maillot à manches courtes et une veste coupe-vent ! À mon retour à l'hôtel, les deux athlètes m'attendent dans le hall. « Viens avec nous, on monte dans notre chambre. »

À ma grande surprise, quand il enlève son tee-shirt pour essayer le nouveau sous-tee-shirt, j'entrevois une croix autour de son cou.

Je l'interpelle :

– Est-ce que tu crois en Dieu ?

– Oui je suis croyant.

– Je suis aumônier. Pourrais-je prier pour toi, pour que tu puisses être en paix malgré cette zone de turbulences et que tu puisses récupérer ton sac à temps pour ta compétition ? Il accepte ainsi que son ami athlète, ils inclinent leurs têtes et je prie. À ce moment-là, je ne sais pas encore que je viens d'aider un futur médaillé aux Jeux de Tokyo, qui fera la fierté nationale de son pays !

Le lendemain, j'enchaîne les allers-retours entre le gymnase et l'hôtel. À seulement une heure de sa compétition, je fais les cent pas devant la réception en attente de la livraison de son bagage. La valise est enfin là. Ma mission consiste à récupérer son short et son maillot national ! Une fois ceux-ci trouvés, je pique un sprint sous la neige, jusqu'à la piste d'athlétisme couverte. Grâce à mon accréditation je franchis les cordons de sécurité jusqu'à la piste. J'interpelle une juge, lui explique la situation en anglais et lui remet la tenue. Elle file en chambre d'appel où les athlètes sont convoqués. Il était moins une ! Je ne reverrai plus l'athlète… Il est reparti tôt le lendemain matin. C'est aussi cela être aumônier du sport, être au bon endroit au bon moment au service des sportifs afin qu'ils puissent se concentrer sur leur travail.

Chapitre 11

LA FACE OBSCURE DU SPORT

Mieux vaut entendre la réprimande du sage
que d'entendre le chant des insensés.

Ecclésiaste, chapitre 1, verset 5

Jeudi 1er septembre 2022, c'est la rentrée des classes pour nos trois filles. Elsy rentre en CP. Mon petit bébé olympique de la période Rio a bien grandi. Je me dois d'être là pour cette journée spéciale. Après ce temps de réjouissance, j'ai rendez-vous en périphérie de Rennes pour préparer les obsèques d'un adolescent de seize ans, victime d'un homicide. Dans le cercle des aumôniers du sport, nous avons coutume de dire que nous gérons quatre enterrements pour un mariage là où le commun des mortels vit quatre mariages pour un enterrement. En effet, dans ce milieu, il y a plus de perdants que de gagnants. Les sportifs font davantage appel à nous dans les périodes d'échecs et de déceptions. À seulement quinze jours d'intervalle je dois officier dans deux cérémonies de funérailles. Après un entretien éprouvant avec la famille, alors que je m'arrête pour faire une course, je reçois un appel de la productrice de l'émission *Le 90 minutes* sur BFM TV concernant l'affaire Pogba[1] et le maraboutage dans le milieu du football. Elle souhaite me faire intervenir à Paris dans l'émission, aux côtés de Rolland Courbis, ancien entraîneur de l'OM et des Girondins de Bordeaux, pour donner un éclairage sur la question. Je suis encore sous le coup de l'émotion de mon entretien funéraire. Je décline en demandant à le faire en duplex. Elle me propose alors de me rappeler. Cela me permet de digérer les événements et de me mettre dans les bonnes dispositions. À son second appel, la journaliste insiste pour que je fasse le déplacement. Je prends alors le temps d'appeler Emily et de m'accorder avec elle. À 17 h 44, je suis dans un TGV pour Paris. Quand j'arrive au studio de BFM, je découvre en discutant avec la productrice que Rolland Courbis est remplacé par Daniel Riolo, journaliste de l'After Foot sur RMC Sport. En coulisse, je discute avec lui, il s'étonne que la production n'ait pas pensé à inviter Claude Leroy, sélectionneur de plusieurs nations africaines, appelé le sorcier blanc. Eût-ce été mieux qu'un pasteur ? Dommage, j'avais quelques questions à poser à M. Courbis sur ses pratiques mystérieuses du temps des Girondins de Bordeaux[2] ainsi qu'à M. Leroy pour comprendre ce titre si particulier de « sorcier blanc ». Peut-on rire de ce type de surnom ?

1. Pour rappel, en septembre 2022, Paul Pogba est accusé par son frère de maraboutage sur Kylian Mbappé.
2. *France Football*, « Courbis : "Tout le monde est superstitieux" » [en ligne].

J'ai l'impression que les journalistes découvrent le maraboutage en France alors qu'ils avaient déjà interviewé Courbis avec légèreté en 2016, pour des faits qui remontent à 1999. Pour ma part, j'ai découvert le monde des marabouts et des féticheurs à partir de 2003 par mon mentor et ami Cissé Baratté qui a pratiqué ces choses au SCO d'Angers et à l'ASEC Mimosas à Abidjan. Mon documentaire *Hors Je* en 2016 en parlait. La vidéo de Cissé a fait plus de cinquante mille vues[1] sans qu'on ait eu de relais dans les médias. Dans notre culture française, j'avais entendu parler des coupeurs de feu, des rebouteux et des magnétiseurs. En accompagnant des sportifs de haut niveau, j'ai réalisé que cela faisait partie des pratiques de certains d'entre eux avant qu'ils ne deviennent chrétiens. C'est ainsi qu'est née l'idée de faire un nouveau documentaire intitulé *Ce n'était pas mental*, phrase prononcée par Marielle Amant, ancienne internationale française de basket qui explique avoir subi un sort par une coéquipière et avoir perdu ses facultés techniques sur certains matchs. Marielle peut vous affirmer que ce mauvais sort a marché sur elle. Nous pouvons comprendre la préoccupation du clan Mbappé. Tout cela est bien réel mais on ne s'y intéresse sérieusement que lorsque cela touche notre équipe de France masculine. J'ai pu témoigner de l'histoire de mon ami Gilles Yapi-Yapo sur le plateau de BFM. Je vous en partage un extrait :

« En 2005, au FC Nantes, j'ai commencé à me blesser. J'ai perdu ma place de titulaire, je gagnais moins d'argent,

1. Chaîne Youtube Plusquesportifs, « Cissé témoigne de l'occultisme dans le football ».

j'avais moins la cote avec les filles… C'est devenu difficile à vivre pour moi ! Tout ce que m'apportait le football se retirait de moi. J'ai commencé à être dépressif, et on m'a proposé d'aller voir des marabouts, des féticheurs, pour que ma situation s'améliore. En réalité, cela allait de mal en pis ! Cette situation a duré deux ans. J'ai été escroqué de 200 000 euros. J'étais de plus en plus dépressif, et il fallait que je gère tout ça à côté de ma carrière. J'étais isolé ; personne ne connaissait vraiment ma situation avec le monde occulte ni les allers-retours que je faisais à Paris ou en Côte d'Ivoire pour voir des marabouts. J'ai eu des pensées de suicide. Un jour on m'a demandé de sacrifier mon fils. Ça allait trop loin. À ce moment-là, j'ai rencontré une jeune fille chrétienne qui m'a invité à l'église. Aujourd'hui, elle est devenue mon épouse. À l'église, j'ai ressenti une paix et une joie que je n'avais jamais expérimentées avant. J'ai pris conscience que Jésus était mort pour mes péchés afin que je sois vraiment libre ! Depuis que je lui ai donné ma vie en 2008, il m'a pardonné de mes pratiques occultes et de mes mauvais choix de vie. »

Cela s'est passé sur le territoire français, tout comme pour Marielle Amant.

Avant l'affaire Pogba, le témoignage de Marielle Amant n'intéressait pas grand monde. Pourtant, j'ai fait le choix de le montrer dans le documentaire car chaque vie compte. Depuis, TF1 a decidé de consacrer une émission sur le paranormal (diffusion prévue en octobre 2023) dans laquelle Marielle et moi-même sommes interviewés. Il y a un joueur français de Ligue 2 qui m'a fait part de pratiques occultes qu'il aurait subies de la part d'un dirigeant de club français pour le déstabiliser. Mes propos ont surpris sur le plateau de BFM. Mais il y a bien des réalités obscures que nous ne voulons pas voir. Jésus nous avait prévenu : ils préféreront les ténèbres à la lumière !

Il y avait déjà une histoire similaire à celle de Pogba et Mbappé qui avait fait un peu parler d'elle entre Lukaku et Zlatan suite à une vive altercation en plein match. Le Suédois s'exprime ainsi : « Il m'avait attaqué sur le plan personnel. Il est convaincu d'être un *fuoriclasse*, il a un grand égo et il est très fort. Je l'ai attaqué sur son point faible : les rites de sa mère. Il a perdu la tête. Mais j'ai un doute… On a perdu ce derby, je me suis blessé ensuite et plein de choses bizarres sont arrivées. Tu vas voir que Lukaku m'a vraiment envoyé un rite… J'ai demandé à des amis croyants de prier pour moi. J'ai un compte en suspens avec lui[1] ». Même le grand Zlatan, se prenant pour Dieu[2] a ressenti le besoin de la prière… chrétienne, me semble-t-il.

Ce que l'on a découvert aussi à travers l'affaire Pogba ce sont les liens entre l'islam et le maraboutage, liens que Mathias Pogba a dénoncé en désignant son frère comme un « mauvais musulman » puisqu'il pratiquait ces choses.

Quelques jours plus tard, sur BFM TV, un marabout invité sur le plateau expliquait qu'il s'appuyait sur l'islam et les prières à Allah pour pratiquer ses rituels. Il y a de

1. Journal belge *DH*, 7 janvier 2021, « Clash Ibrahimovic – Lukaku : ce qu'ils se sont vraiment dit et les origines de la bagarre » [en ligne].
2. Purebreak.com, 7 janvier 2015, « Zlatan Ibrahimovic se prend pour Jésus : l'anecdote amusante de Marco Verratti » [en ligne].

quoi nous rendre confus. Dans mon documentaire, j'ai pu interroger un ancien basketteur international ivoirien, Malick Daho. Aujourd'hui consultant TV de Canal+ Afrique pour les matchs de NBA, Malick est un homme aux multiples casquettes (entraîneur, consultant, journaliste…) qui a arpenté les terrains de basket d'Afrique, de France et de Navarre. Né en Côte d'Ivoire dans une famille musulmane, il a été élevé dans l'islam dès sa plus tendre enfance, participant pendant ses vacances d'été à une école coranique. « Pour mes parents, il fallait que je grandisse selon les préceptes de l'islam où chaque croyant doit faire des efforts pour mériter le paradis, *Inch'Allah*, sans certitude. On m'a appris que seul le Coran était le livre de référence en matière de religion, que c'était le seul digne de foi. On m'a enseigné que le livre des chrétiens était falsifié. J'ai continué à évoluer dans ce milieu jusqu'au collège, où je suis devenu plus curieux en me posant des questions existentielles. Puis, j'ai découvert le basket qui me donnait un vrai sentiment de liberté vis-à-vis de ce que je vivais en famille. Je voyais régulièrement mon père aller consulter des marabouts, en quête de bonheur. Il devait sacrifier des animaux à Allah de façon régulière et avaler des mixtures bizarres censées lui assurer ce bonheur. Mais plus il le faisait, plus nous nous appauvrissions. Puis, il a basculé dans l'occultisme et la sorcellerie. Si Allah était le seul Dieu, pourquoi laissait-il les imams rechercher une puissance ailleurs ? Pourquoi, chaque année, devait-il y avoir un sacrifice humain dans ma famille ? En effet, tous les deux ans, il y a eu un décès chez nous. En dix ans, j'ai perdu quatre frères et sœurs ainsi que ma mère. Vu que l'islam n'interdisait pas les pactes avec d'autres esprits, que le Coran appelle les djinns, mon père est devenu, à notre insu, un sorcier. Ils invoquaient des versets du Coran pour faire intervenir ces djinns, esprits soi-disant bons et mauvais. Le Coran enseigne que seules nos bonnes actions sont récompensées. Donc, tant que mon père faisait de bonnes actions, Allah fermait les yeux sur ses mauvaises. La révolte grondait dans mon cœur[1]. »

Malick fait partie de ces musulmans qui sont devenus chrétiens. L'inverse existe également. L'islam n'est pas la seule religion à mélanger ses pratiques avec des rituels occultes. Un aumônier catholique de santé me partageait qu'il avait confronté des catholiques qui pratiquaient des prières secrètes à Juda pour la guérison ou une délivrance. On retrouve ce syncrétisme chez les rebouteux ou magnétiseurs. C'est pourquoi il est important de revenir aux fondamentaux des dogmes de la foi. Il y a énormément de croyants qui ne connaissent pas les textes de la Bible et du Coran. Par exemple le footballeur Jacques Faty, né d'une famille catholique, a rejeté sa foi catholique au profit de l'islam sur la base de l'idolâtrie du catholicisme dénoncée par l'islam. Des footballeurs musulmans comme Jacques Faty ou Demba Ba aiment débattre sur la doctrine chrétienne face à l'islam. Je leur ai proposé un jour un débat sur l'identité de Jésus. J'ai pu organiser cela avec mon ami Rémi Gomez, apologète et auteur du livre *La divinité du Christ face à l'Islam*. J'apprécie Jacques avec qui j'ai des échanges cordiaux.

1. *Plus que vainqueurs. Recueil de témoignages*, Biblica Holistic Sports, 2021.

Nous avons plusieurs amis footballeurs en commun, comme Prince Oniangué. Nous sommes tous les deux à la recherche de la vérité. Nous avons co-organisé un débat public en invitant grand nombre de sportifs.

Pour finir avec l'affaire Pogba, il est facile pour des médias de faire des heures d'émissions pour créer le buzz autour d'un potentiel maraboutage de Mbappé, mais où sont les grands médias et les politiciens pour dénoncer les autres abus et manipulations dans le monde du sport ? Il est plus facile de taper sur des sportifs qui ont une opinion contraire à la pensée unique, sur des sujets qui peuvent relever finalement de la conscience individuelle, comme pour le *tennisman* Djokovic durement critiqué pour sa position sur le vaccin du covid. Nous sommes abreuvés de discours manipulateurs où ceux qui ont le pouvoir peuvent exercer des abus en toute impunité sans que cela n'émeuve grand monde. Mais dès qu'un joueur prend position sur une question éthique contraire à la pensée unique, cela fait un tollé.

Aujourd'hui, quels médias et fédérations sportives prennent au sérieux les abus sexuels dans le sport, comme l'a fait le journaliste Romain Molina sur les scandales sexuels à la FIFA[1] ? Beaucoup de journalistes sont au courant de certaines situations mais se taisent, de nombreux dirigeants ferment les yeux. Dans une société de plus en plus individualiste, c'est l'omerta, chacun pour soi. Il manque des « abbés Pierre » du sport. Que font les gouvernements face aux multiples harcèlements

1. Magazine *Onze Mondial*, « FIFA : Sepp Blatter accusé d'avoir reçu des cadeaux sexuels, terrible affaire révélée en Haïti ! » [en ligne].

et agressions sexuelles au sein de plusieurs fédérations sportives ?

Manipulations et abus de tout genre existent malheureusement. Énormément de sportifs me confient qu'ils sont confrontés au quotidien à la corruption, aux retards de salaires et aux impayés, souvent en lien avec leurs origines. C'est du racisme caractérisé qui est difficile à faire reconnaître en Chine, en Turquie ou au Maroc par exemple. Les dirigeants sportifs me semblent réticents à l'idée d'intégrer l'aumônerie dans les clubs et les équipes nationales car les personnes pourraient trouver des oreilles attentives et du réconfort qui crèveraient cette omerta. Le hashtag *#metoo* a marché contre les abus sexuels et les langues se sont déliées. Il est temps de lutter plus sévèrement contre la corruption dans le sport et toute forme d'abus de pouvoir.

Combien d'enfants ont-ils été sacrifiés sur l'autel du sport ? Combien ont été aux prises avec des détraqués, exerçant en toute impunité en raison de leurs compétences techniques ? Tant qu'une personne ne porte pas plainte, c'est l'impunité la plus totale. Aujourd'hui si mon propre fils était amené à signer un contrat sportif dans un centre de formation, je sais déjà pour quels clubs je refuserais. Je serais très mal à l'aise de le laisser aux mains d'un entraîneur tyrannique comme j'ai pu le constater de mes propres yeux. Je me demande si certains savent parler à leurs joueurs sans les rabaisser, les humilier et les insulter. J'ai constaté cela à plusieurs reprises et j'ai même recueilli le témoignage d'un proche d'une famille qui avait porté plainte avec preuve d'enregistrement à l'appui et qui a retiré sa plainte après avoir été soudoyé par le président du club pour éviter un nouveau scandale. Une autre fois, c'est la mère d'un grand espoir du basket-ball français qui s'était épanchée auprès de moi sur le harcèlement moral que subissait son fils de dix-sept ans. J'ai aussi connu le fils d'un grand champion olympique et star française subir des humiliations par son coach et être marqué au fer rouge dans son identité.

Que penser du documentaire *Secrets de coach* sur Netflix[1] où l'on nous montre l'entraîneur de tennis Patrick Mouratouglou mentir et manipuler ouvertement Serena Williams pour la faire performer ? Cela m'attriste sur les valeurs que l'on communique. Lorsque le résultat prime, alors on est prêt à y arriver par tous les moyens.

Le problème est que beaucoup de familles préfèrent se taire pour ne pas annihiler les chances de leurs enfants. Sans être un grand prophète, je peux vous annoncer qu'en 2023 de grands scandales d'abus sexuels, d'abus de pouvoir et de corruption vont éclater dans le tennis, le judo et le football. Je prie que toute la lumière se fasse et qu'un changement s'opère puisqu'il en va de la santé émotionnelle de nos jeunes. On parle d'abus sur mineurs et rien ne bouge !

J'observe aussi qu'il y a une nouvelle génération de dirigeants qui se lèvent pour changer cette face obscure du sport ! Heureusement qu'il m'arrive de rencontrer encore des entraîneurs, agents de joueurs, ou dirigeants de clubs bienveillants qui cherchent à effectuer leur travail avec intégrité et sans appât du gain. Pour preuve,

1. Série documentaire *Secrets de coach : les règles du jeu*, produit par LeBron James, 2020.

laissez-moi vous raconter cette anecdote. Un agent de football chrétien m'a fait part de son rôle pour aider au recrutement d'un joueur dans un club de Ligue 2. Sur le contrat, il n'y avait pas de commission pour l'agent et le président en a été étonné. L'agent lui a répondu qu'il ne faisait pas cela pour l'argent mais qu'il préférait que le joueur ait une meilleure rémunération au vu de sa situation précaire. Si le joueur réussissait, l'agent aurait sa rémunération au prochain contrat. Je pourrais aussi vous parler de cet entraîneur de tennis qui a entraîné les plus grandes joueuses du circuit sans jamais imposer de tarifs et en restant le plus clean possible dans la relation entraîneur-joueuse. La clé de leur intégrité et leur réussite ? : « la sagesse qui vient d'en haut ! »

Chapitre 12

SPORT ET LAÏCITÉ, PARIS 2024, UN DÉFI POUR LA FRANCE

> La proximité entre religion et foot n'est pas récente.
>
> Nicolas Vilas, journaliste RMC Sport

Le fait religieux est une réalité dans le monde du sport qui a pris de plus en plus d'ampleur. Cela a été mon sujet d'étude lors de mon diplôme universitaire « Droits des religions et vie sociale » suivi à la faculté de droits de Rennes en 2018, sous la direction du doyen de la faculté, Frédéric Lambert. J'avais eu aussi l'occasion en 2015 d'être invité sur le plateau de l'émission « Demain je m'y mets » diffusée sur Eurosport pour un débat sur les signes religieux dans le sport[1]. C'était ma première télévision nationale dans les conditions du direct. J'avais déjà été interviewé par TV Rennes à l'occasion de la sortie du documentaire *Au-delà des épreuves*. Cette fois-ci c'était

1. Émission sur Eurosport « Demain je m'y mets » novembre 2015 – « Les signes religieux ont-ils leur place dans les stades ? » consultable sur la chaîne Youtube Plusquesportifs.

un autre monde. La production m'a envoyé mes billets de train, pris en charge le taxi jusqu'au lieu de l'enregistrement à La Celle-Saint-Cloud à l'ouest de Paris. Je découvre une grande maison au style normand. Je suis accueilli par l'équipe technique qui me conduit vers un buffet où je me retrouve à table avec la présentatrice Géraldine Pons, de Nicolas Deuil et d'une chroniqueuse Laurie Thilleman, miss France 2011. Nous faisons connaissance avant que je passe au maquillage. Géraldine me prépare pour le débat en essayant de m'assigner artificiellement à un camp. J'étais un peu stressé, en me demandant dans quel monde j'avais mis les pieds. Nous étions quatre intervenants qui ne se connaissaient pas. En coulisses, l'attente est longue. Nous suivons la première partie de l'émission avec Igor et Grichka Bogdanoff que nous croisons juste avant notre débat. L'idée était d'avoir deux personnes favorables aux signes religieux ostentatoires, notamment en faveur du voile, et deux personnes contre. Pour ma part, je souhaitais plutôt faire réfléchir mes interlocuteurs sur la place de la spiritualité dans le sport, dans le sens d'une réalité intérieure qui relève de l'intime. Ma réflexion était davantage portée sur l'impact de la foi dans la recherche de l'harmonie et de la fraternité sur un terrain, qu'un acte dit prosélyte. Au cours du débat, j'ai partagé l'anecdote saisissante qui me vient de Gilles Yapi-Yapo, footballeur au FC Zurich. Lors du derby de Zurich, celui-ci a eu une altercation avec un adversaire qui a commencé à l'insulter. En tant que chrétien, Gilles ne souhaitait pas rentrer dans le jeu des insultes. Il a alors répondu en le chambrant sur le fait que son équipe les dominait. Quand, au milieu de l'atmosphère électrique du stade, une douce voix intérieure se fit entendre : « Gilles, arrête cela tout de suite, ce n'est pas digne comme attitude. » L'altercation qui aurait pu dégénérer sur le terrain voire dans les tribunes a été stoppée par le Dieu de la paix. J'avais à mes côtés Annie Sugier, militante pour le droit des femmes. Elle plaidait pour la règle unique et universelle en sport : la neutralité ! Le sport moderne ne serait donc ni politique, ni religieux. C'était tout l'enjeu du débat. Dans quel cadre définir la neutralité du sport ?

Les instances sportives internationales ont-elles toujours milité pour cette neutralité ? Cette neutralité est-elle en train d'évoluer ? Existe-t-il une neutralité spécifique en France ? Et à la vue de l'exemple de Gilles, est-on vraiment neutre ?

J'ai mené mon enquête. À l'origine, une grande partie des sports modernes a été influencée par le christianisme. C'est un chrétien, James Naismith, qui a inventé le basket-ball en 1891 avec comme idée en tête « l'amour du prochain » et il l'a également inventé pour « sensibiliser les jeunes à la religion ». C'est aussi dans une université chrétienne anglaise que le rugby a été inventé en 1823 puis développé par son directeur chrétien Thomas Arnold.

En France, nous constatons également que les sphères religieuses et politiques se sont intéressées au sport depuis son origine moderne. Les fédérations sportives françaises sont toutes nées dans un contexte particulier entre la fin du XIXe siècle et 1930 à partir d'une conception du sport, confessionnelle, laïque et issue du monde du travail. La question de la religion se posait déjà autour du sport, notamment à travers les patronages. Chaque patronage sportif (l'ancêtre des associations sportives) avait une vocation :

- Socialiste : former un militant
- Républicain : former un citoyen
- Catholique : former un croyant

Dans son livre *Dieu Football Club*[1], le journaliste Nicolas Vilas cite le patronage historique du catholicisme dans le football français, comme à Auxerre où l'abbé Deschamps, l'un des créateurs du club en 1905, a laissé son nom au stade. Au XXe siècle, le sport est devenu un phénomène social qui a progressivement présenté un intérêt général suffisant pour que les pouvoirs publics s'y intéressent, s'en saisissent et interviennent en la matière, notamment sous le régime de Vichy en 1940[2]. Il n'y a pas de plus triste exemple de la collusion entre le politique et le sport que l'effroyable propagande nazie lors des Jeux olympiques de Berlin en 1936. La pratique sportive est de plus en plus l'objet d'un encadrement public qui prend notamment la forme d'administrations spécialisées dans ce domaine. Sur cette question, la France présente la particularité d'avoir institué un réseau d'administrations publiques, relevant tant de l'État, au niveau central et local, que des collectivités territoriales, réseau qui se caractérise l'interventionnisme important des pouvoirs publics en matière sportive. En France, l'organisation des compétitions sportives de haut niveau, qui incombe

1. Nicolas Vilas, *Dieu Football Club*, Hugo Sport, 2014.
2. « Le sport sous l'occupation », dans l'émission « L'Œil du tigre » sur France Inter, 24 novembre 2019.

principalement aux fédérations délégataires, a été consacrée comme un service public.

La sécularisation de la société française depuis la loi 1905 de la séparation de l'Église et de l'État mais aussi la crise de l'Église catholique entre le *Syllabus* de Pie IX et le concile de Vatican II ont contribué à une certaine rupture entre le catholicisme et le sport, à travers le rapatriement des vocations au sein de l'Église. Mais comment ignorer l'impact qu'ont eu les prêtres ouvriers dans le monde associatif au niveau du sport international, notamment à travers les Jeux olympiques ?

Nous avons changé d'époque et les textes officiels en témoignent. La Charte olympique de 1938 (en vigueur jusqu'en 1976) stipulait notamment que « si une cérémonie religieuse a été prévue, c'est à ce moment [avant l'ouverture des Jeux] qu'elle doit être célébrée. » Mais dès 1976, le sport de compétition se pare d'une plus grande neutralité. Le CIO (Comité international olympique) dit à l'article 50-2 de la Charte olympique qu'aucune « sorte de démonstration ou de propagande politique, religieuse ou raciale n'est autorisée dans un lieu, site ou autre emplacement olympique. » Ce règlement est encore en vigueur.

Par ailleurs, l'article 4 du règlement de la FIFA relatif aux équipements du joueur stipule que « l'équipement ne doit présenter aucun slogan, inscription ou image à caractère politique, religieux ou personnel. Les joueurs ne sont pas autorisés à exhiber de slogans, messages ou images à caractère politique, religieux, personnel ou publicitaire sur leurs sous-vêtements autres que le logo du fabricant. En cas d'infraction, le joueur et/ou l'équipe sera sanctionnée par l'organisateur de la compétition, par la fédération nationale ou par la FIFA. »

Le sport ne devrait donc plus être un lieu de revendication ou de discrimination. J'ai eu l'occasion d'être invité à un échange sur le sport et la laïcité organisé à Sciences Po Paris par l'association Coexister aux côtés du rapporteur général de l'Observatoire de la laïcité, Nicolas Cadène qui récita sa leçon :

« Lorsque l'on fait du sport, on n'est pas de telle ou telle origine, on n'est pas croyant ou athée, on n'est pas de droite ou de gauche, on est là pour essayer de faire le maximum avec ce qu'on a, au-delà de là d'où on vient. Le sport, c'est le dépassement de soi. Dès lors, si cette pratique commune et non-discriminante est contestée, il faut immédiatement réagir. » Mais pour réagir à bon escient, encore faut-il bien appréhender le cadre dans lequel le préjudice aurait lieu. Car le champ sportif français est à la jonction de plusieurs espaces de vie et d'interactions où s'applique différemment le cadre de la laïcité à la française, sans oublier de prendre en compte le cadre des règlements des compétitions internationales que la France accueille. Le début de l'année 2019 a été marqué par l'affaire du hijab de Décathlon et notre thématique « sport et laïcité » a été catapulté au cœur du débat public.

Le 24 février 2019, Décathlon France subit une vague de pressions à la suite de l'annonce de la vente de son « hijab running » déjà disponible depuis quelques mois au Maroc. Plusieurs députés du parti Les Républicains interpellent sur Twitter. Valérie Boyer écrit : « Décathlon convertit à la mode islamique ? » et Lydia Guirous : « Décathlon se soumet également à *#islamisme* qui ne tolère les femmes que la tête couverte d'un hijab pour affirmer leur appartenance à l'*oumma* et leur soumission aux hommes. #Décathlon renie donc les valeurs de notre civilisation sur l'autel du marché et du marketing communautaire ». La twittosphère s'embrase et face aux pressions, le 25 février, Décathlon annonce qu'il ne commercialisera pas le *hijab running* en France alors que cela va à l'encontre de la liberté de marché. La liberté des femmes et les valeurs de notre civilisation ont été mises en avant. Derrière « les valeurs de notre civilisation » se cache le concept de laïcité, souvent invoqué à mauvais escient. En France, le socle juridique de la laïcité repose à la fois sur la loi du 9 décembre 1905, concernant la séparation des Églises et de l'État et sur la Déclaration des droits de l'homme et du citoyen de 1789. La loi de 1905 a pour objet de garantir la neutralité de l'État vis-à-vis des convictions de chacun, qu'elles soient religieuses ou autres, d'assurer la liberté de conscience et de garantir le libre exercice du culte dans la limite du respect de l'ordre public. Si l'État français est laïc et neutre, la société française ne l'est pas. Chaque citoyen français ou résident en France est libre de porter dans l'espace public ce qu'il veut dans la limite du respect de l'ordre public en matière de sécurité et de salubrité publiques. Cette affaire « Décathlon » nous montre la difficulté de cerner le cadre dans lequel s'appliquent les lois de la laïcité. Interdire la vente d'un *hijab* (ou d'un turban ou d'une *kippa* spécial sport) qui se porte dans « l'espace privé personnel », chez soi, ou dans « l'espace partagé public », c'est-à-dire la rue, la plage, etc., est une privation de droits et me paraît anticonstitutionnelle.

Comme formulé au début du chapitre, l'absence de tout prosélytisme découle des valeurs du sport, rappelées notamment dans la règle 50 de la Charte olympique et dans certains textes de fédérations comme la loi 4 de la FIFA.

Ces règlements ont pourtant évolué ces dernières années et ont créé une vague de polémiques, notamment depuis les changements opérés par le CIO avant les Jeux olympiques de Londres en 2012. En cause, la volonté affichée d'augmenter la participation des femmes aux Jeux olympiques. Les derniers pays à avoir intégré des femmes voilées à leur délégation aux JO sont le Qatar, le Bahreïn et l'Arabie Saoudite. Mais l'histoire nous montre que dès 1996, aux JO d'Atlanta, une Iranienne avait pu concourir voilée, passant entre les mailles du filet de la réglementation. Elle fut alors la première Iranienne à concourir pour sa nation.

Le règlement du CIO en 2012, sous la pression de la FIFA, permet le port d'un couvre-chef (voile, turban…) comme signe culturel et non cultuel. Depuis lors, la Ligue du droit international des femmes proteste contre l'autorisation du port du voile par les athlètes féminines données par le Comité international olympique aux délégations des pays islamiques. L'association, qui lutte depuis les années quatre-vingt contre les discriminations faites aux femmes, dénonce une pratique qui viole la Charte olympique interdisant toute démonstration politique ou religieuse sur les sites des jeux. Elle souligne aussi le fait que dans le passé des femmes musulmanes ont fait le choix de l'émancipation en courant non-voilée. Il est important de souligner aussi que lorsque des hommes manifestent un soutien politique, ils sont directement sanctionnés. Rappelons-nous les JO de Mexico en 1968 quand deux athlètes américains avaient apporté leur soutien au mouvement « black panthers ». Plus récemment, en 2008, ce sont les athlètes français qui se voient refuser de porter un badge « Pour un monde meilleur » en signe de protestation contre les violations des droits de l'homme par la Chine au Tibet, et au Soudan. La raison invoquée est le fameux article 50-2 qui interdit toute « démonstration ou propagande politique, religieuse ou raciale ». Pourtant, la même année, ce sont quatorze délégations comportant des sportives voilées qui défilent à Pékin. Ou plus récemment, plusieurs compétitions de football ont autorisé le symbole politique « Black Lives Matter » avant des matchs encadrés par la FIFA et l'UEFA.

Annie Sugier, physicienne et féministe, a rappelé lors de notre débat télévisé que « ne pas respecter la règle quand il s'agit des femmes c'est considérer que la cause de la libération des femmes n'est pas importante, que les femmes sont toujours marginales dans le monde du sport, que l'universalisme est bon pour les hommes mais non pour les femmes. » Il y aurait donc deux poids deux mesures dans les décisions du CIO. Qu'en est-il du signe politique et religieux temporel ou permanent ?

Le couvre-chef (voile, *kippa*, turban *sikh*) est accepté et considéré comme culturel alors qu'un bandeau « 100 % Jésus » porté par le Brésilien Neymar, né dans une culture chrétienne, est prohibé. Il y aurait donc une distinction entre le signe permanent écrit et le signe permanent non écrit. Pourtant, comment ne pas voir dans le port d'un voile, la déclaration suivante « Je crois en *Allah* » ou pour le port d'une kippa « l'Éternel est mon Dieu » ?

Qu'en est-il des signes religieux ou politiques non permanents lors de célébrations de buts ? Les instances sportives semblent plus souples avec les actions non-écrites. Par exemple, un sportif qui célèbre une victoire ou un but en levant les mains au ciel, en faisant un signe de croix, ou encore en faisant une révérence à terre, ne se verra pas sanctionner par l'arbitre, ni par les instances ultérieurement. Cependant un joueur qui soulève un tee-shirt sur lequel on peut lire un slogan religieux ou politique sera sanctionné d'un carton jaune et pourra se voir rappelé à l'ordre ultérieurement. Cela étant dit, nous voyons que certaines manifestations politico-religieuses sur fond d'antisémitisme ont déjà été sanctionnées. C'est le cas de l'affaire Anelka. Ce dernier a été sanctionné par la Fédération anglaise lorsqu'il a célébré son but par le tristement célèbre geste de la « quenelle » introduit par le comique Dieudonné. La fédération a retenu « un geste abusif et/ou indécent et/ou insultant et/ou incorrect en relation avec l'origine ethnique et/ou la race et/ou la religion ».

En France, Manuel Valls résumait ainsi la position du gouvernement : « on ne porte pas de voile pour faire du sport. Un terrain de football, un stade, un gymnase, un dojo ne sont pas des lieux d'expression politique ou religieuse. Ce sont des lieux de neutralité où doivent primer les valeurs du sport : l'égalité, la fraternité, l'impartialité, l'apprentissage du respect de l'arbitre, de soi-même et de celui d'autrui. Il appartient donc au mouvement sportif français de faire en sorte que les règlements respectent ces valeurs, tout en garantissant l'absence de discrimination et une stricte égalité hommes-femmes. En effet, nul ne doit être écarté de la pratique sportive en raison de ses opinions religieuses ou politiques. Le sport est un formidable levier d'intégration, de lutte contre l'échec scolaire, d'émancipation et de réduction des inégalités sociales et culturelles. Le gouvernement et l'ensemble des acteurs du monde sportif restent vigilants, mobilisés et déterminés à empêcher que le sport ne devienne un lieu de tensions, de sexisme ou d'exclusion[1]. »

La fédération française de football va dans le même sens que le gouvernement par ce communiqué de presse : « En ce qui concerne la participation des sélections nationales françaises dans des compétitions internationales d'une part, ainsi que l'organisation des compétitions nationales d'autre part, la Fédération française de football rappelle son souci de respecter les principes constitutionnels et législatifs de laïcité qui prévalent dans notre pays et qui figurent dans ses statuts. »

En 2014, le président de la Ligue de football professionnel, Frédéric Thiriez déplorait « la décision de la FIFA qui malmène le principe d'universalité du football selon lequel toutes les joueuses et tous les joueurs sont soumis aux mêmes règles et aux mêmes conditions de jeu. Alors que la Charte olympique exclut tout signe religieux, cette autorisation va à l'encontre du droit des femmes et menace la neutralité d'un football préservé des querelles religieuses et politiques. C'est une grave

1. Manuel Valls, ministre de l'Intérieur, 20 février 2013, questions au gouvernement, Assemblée nationale.

erreur. » Il est important de rappeler que la FFF n'est pas dans l'obligation sur ce point d'appliquer le règlement de la FIFA concernant sa propre sélection nationale et ses championnats car la FIFA laisse la liberté aux fédérations nationales de mettre en application ce point ou non.

Le président de la FFF a tranché concernant les joueuses de l'équipe de France, ainsi que dans les championnats en France : elles seront interdites de porter le voile lors des matchs pour « respecter les principes constitutionnels et législatifs de laïcité qui prévalent dans notre pays et qui figurent dans ses statuts ».

Le débat est loin d'être fini. À travers les différents exemples relatés, nous constatons que c'est souvent la question du voile islamique qui anime les polémiques en France. Cela s'explique par le fait que l'islam est un phénomène assez contemporain au regard de l'histoire religieuse de notre pays. Si nous regardons du côté d'un autre territoire francophone, comme le Québec, nous découvrons que le problème s'est posé avec des joueurs *sikhs*.

Il y a un vrai besoin d'un guide pratique du sport ; l'Observatoire de la laïcité et le ministère de la Jeunesse et des Sports y ont travaillé et un document est sorti en mai 2019. S'il concerne les signes religieux ostensibles, extérieurs, qu'en est-il du fait religieux qui relève de l'intime, de l'intériorité de la foi ? Notre société ira-t-elle vers plus d'inclusion du fait religieux « dit cultuel » dans le sport ? Les instances internationales continueront-elles à donner des arguments culturels face à des faits qui relèvent de la pratique cultuelle ?

En France, la loi de 1905 a prévu un dispositif d'aumônerie pour ces services publics (hôpitaux, prisons, établissements scolaires avec internat). À l'époque, la question du sport n'était pas d'actualité. Alors qu'à ce jour, c'est un vrai enjeu chez les sportifs des équipes nationales qui vivent en vase clos pendant plusieurs semaines, lorsqu'ils participent à une compétition internationale par exemple. Une fédération sportive française pourrait-elle mettre en place un service d'aumônerie ?

Issue des patronages, la fédération sportive et culturelle de France (FSCF, d'origine catholique) a toujours conservé un service d'aumônerie (discret) au sein de son organisation nationale. Dans d'autres pays, il existe des salles de prières, par exemple mono-confession comme à Bursaspor en Turquie où il y a une mini-mosquée dans le stade. De la même manière, au FC Barcelone en Espagne, il y a une mini-chapelle catholique. En Angleterre, des lieux de prières multi-foi existent, et aux États-Unis les prédications d'avant-match pour les chrétiens sont courantes.

L'Olympique Lyonnais est pionnier en la matière en inaugurant officiellement en décembre 2018, en présence des responsables des cultes musulmans, juifs, protestants, catholiques et évangéliques, la première salle de recueillement dans un stade en France. J'y ai assisté en tant qu'aumônier du sport, représentant Holistic Sports, invité par l'Olympique Lyonnais à l'occasion du match Lyon-Rennes. Dans la loge du président Jean-Michel Aulas, en présence du président du Stade Rennais, Olivier Letang et de son directeur général Didier Roudet, nous avons pu parler de la salle de recueillement et du service d'aumônerie dans les clubs anglais notamment. Il y a eu un réel intérêt des dirigeants sur la partie accompagnement religieux (baptême, mariage). En revanche, au sujet du soutien aux sportifs et aux questions liées à la pression qu'ils subissent, Olivier Létang s'est refermé en me disant : « ça, nous on gère en interne ». Peut-être n'a-t-il pas saisi la dimension holistique du sportif ? Il arrive parfois que des problèmes de performance soient la conséquence de problèmes personnels et existentiels que les préparateurs mentaux ne peuvent pas forcément gérer. L'ancien international espoir français Christian Nade, qui a joué notamment en Ligue 1, est passé par une dépression et a eu envie de se suicider au cours de sa carrière. C'est vers un pasteur qu'il s'est tourné pour lutter contre ces oppressions[1].

Au Royaume-Uni, la plupart des clubs de football et de rugby ont mis en place un service d'aumônerie. Il s'agit notamment d'un service d'écoute neutre et bienveillant pour les joueurs mais aussi pour les dirigeants et les administrateurs. À travers ma formation d'aumônier, j'ai pu visiter plusieurs clubs de football au Royaume-Uni, à Swansea (Premier League), Charlton Athletic (Ligue One) et à Birmingham FC (Championship). J'ai même été invité par l'aumônier de Manchester United et fondateur de Sports Chaplaincy.

Alors que Paris se prépare à recevoir les Jeux olympiques en 2024, la question de l'aumônerie se pose à nouveaux frais. Je sais que cela crée des crispations dans le monde du sport et de la politique. Il est pourtant nécessaire d'offrir aux sportifs des espaces de

1. Article du *Sun Ecosse*, 17 octobre 2018, « "I had demons" Ex-Hearts ace Christian Nade tried to drown himself in Firth of Forth after battle with depression » [en ligne].

transcendance, il faut que les cultes religieux trouvent leur place dans le village olympique et paralympique. C'est le cas depuis 1988 à chaque olympiade, de manière officielle, depuis l'instauration des services d'aumônerie multi-foi au sein du village olympique. En septembre 2022, j'ai eu le privilège de participer, avec deux cent cinquante dirigeants internationaux du sport, au discours de Thomas Bach, président du CIO, au sommet international « Sport pour tous » au Vatican. Il a affirmé que : « le sport n'est pas une religion car il ne donne pas de réponse à notre existence. Seulement la foi et la transcendance divine y répondent ». S'il reconnaît que le sport est vecteur de paix, Thomas Bach estime toutefois qu'il est dépendant de décisions politiques. « Résistons à la tentation de faire du sport une religion. Le sport olympique vise la paix mais le sport seul ne peut pas créer la Paix », a-t-il assuré. Ce témoignage fort appuie la nécéssité d'inclure la spiritualité à travers des services d'aumônerie au cœur des compétitions sportives. La France doit saisir cette opportunité holistique. La préparation des Jeux olympiques de Paris 2024 doit concrétiser la prise en compte réelle des besoins existentiels et spirituels chez un nombre grandissant de sportifs. Pour Paris 2024, j'ai l'opportunité de vivre ce défi aux côtés de la Fédération protestante de France au sein de la commission aumônerie, mais aussi de collaborer avec Église et Sport qui œuvre auprès du conseil des évêques de France. Ces deux institutions religieuses ont été mandatées par l'État français et le comité olympique dans la mise en place de l'aumônerie au sein du village pendant les Jeux olympiques et paralympiques.

CONCLUSION

Plus vite, plus haut, plus fort, ensemble !

> Je n'ai pas peur de l'échec. J'ai peur de réussir dans des choses qui n'ont pas d'importance.
>
> William Carey (1761-1834)

« Plus vite, plus haut, plus fort, ensemble » est la nouvelle devise olympique depuis 2021. Le mot « ensemble » a été ajouté avec pour objectif, selon Thomas Bach, président du Comité international olympique, de viser la solidarité.

Une étude de Goldman et al, en 1984, a cherché à savoir jusqu'où des athlètes américains étaient prêts à aller pour obtenir une médaille d'or olympique. Le dilemme qui leur était posé individuellement était le suivant : « Si je vous assurais qu'en prenant un médicament indétectable vous deveniez champion olympique mais que dans les cinq ans, vous mourriez des suites de la prise de ce médicament, prendriez-vous ce médicament ? » 52 % ont déclaré qu'ils prendraient le médicament !

Je m'interroge : est-ce la conséquence d'une recherche du « toujours plus haut, plus fort, plus vite » ? Ce chiffre n'est-il pas le révélateur d'une course après une gloire éphémère ? Et qu'en est-il lorsqu'il se traduit à l'échelle d'une nation désirant manifester sa toute-puissance ?

Nous savons que des dopages d'État ont été organisés dans l'histoire que ce soit en RDA dans les années 1970 et 1980 ou en Russie en 2014. N'y a-t-il pas un danger lorsque le président de notre pays, Emmanuel Macron vise un top cinq mondial aux JO de Paris 2024 ?

Heureusement un grand champion comme Teddy Riner a tiré la sonnette d'alerte. Le judoka a répondu : « La France est une grande nation de sport mais se dire qu'on va faire quatre-vingt-dix médailles à Paris 2024, non. Il faut faire beaucoup plus de choses pour prétendre à quatre-vingt-dix médaillés dans trois ans. Il fallait investir déjà sept ans en arrière dans le sport, massivement[1] ».

Notre société est guidée par une recherche excessive de la performance qui peut pousser au dopage physique comme technologique. En fonction de la nation où l'on grandit, du club où l'on évolue, il peut y avoir une disparité de moyens. Comment vivre la solidarité dans la recherche du bien commun mais pas seulement dans la recherche d'une performance ? Comment vivre ce slogan olympique « Plus vite, plus haut, plus fort, ensemble » ?

En 2016, aux Jeux paralympiques de Rio, j'ai pu expérimenter cette devise. Un jour, Fred, quinquagénaire américain et *team manager* d'une nation africaine, débarque à l'espace multi-foi du village olympique et paralympique. Il demande à voir l'équipe d'aumônerie chrétienne. Il avait besoin d'aide et de prière. Il cherchait

1. *Le Dauphiné*, 14 septembre 2021, « JO 2024 : Teddy Riner estime qu'il est trop tard pour les quatre-vingt-dix médailles à Paris » [en ligne].

une solution de cale de bras pour un de ses athlètes amputés au bras, pour ses départs de sprints. Au sein du village, il existe des stands pour aider les nations plus modestes à accéder à certains moyens techniques. Grâce à mon accréditation, j'ai pu accompagner Fred et l'équipe au stade olympique de Rio là où cet athlète devait concourir pour ses premières olympiades. Très vite, j'ai remarqué qu'il était isolé et laissé pour compte. Son entraîneur n'était pas à ses côtés. Ayant cette fibre-là et dans un désir de l'encourager, je l'ai rejoint lors de son échauffement. J'ai pris le temps de le questionner pour savoir comment il se sentait pour ses premiers Jeux. Il était apeuré. Je lui ai demandé quels étaient ses objectifs personnels. Il n'en avait pas. J'ai alors pris le temps de le préparer mentalement.

À l'issue de son échauffement, il était regonflé à bloc. L'heure de faire ses preuves arrivait. Il se trouvait en compétition avec un autre athlète français que j'accompagnais dans sa foi. Dans les tribunes, je les regardais donner le meilleur d'eux-mêmes. Pour l'un j'étais un accompagnateur spirituel et pour l'autre une sorte de préparateur mental, le motivateur d'un instant. Après son concours de saut en longueur, l'athlète fut tout fier de me retrouver pour m'annoncer qu'il avait battu son propre record personnel, et même s'il avait fini dernier du concours, cela était une véritable victoire pour lui. Parce que nous avions été « ensemble », il a pu aller « plus vite, plus haut, plus fort ».

Cette recherche du progrès, je l'expérimente aussi dans ma foi à l'image de cette prière de l'apôtre Paul : « Plongez vos racines dans l'amour et soyez solidement construits sur cet amour. Alors vous serez capables de comprendre avec tous les chrétiens la largeur, la longueur, la hauteur et la profondeur de l'amour du Christ. Vous connaîtrez cet amour qui dépasse tout ce qu'on peut connaître. Vous recevrez toute la vie de Dieu, et il habitera totalement en vous[1]. » La plus grande source de motivation est, selon moi, l'amour que Dieu me communique. Je n'aurais jamais de cesse d'explorer ce si grand amour et de m'y délecter. À une époque, j'étais motivé par la peur de l'échec. La grande joueuse de tennis, Mary Pierce, avec qui il m'arrive d'échanger au téléphone, a vécu une chose similaire. Elle réalise ceci : « Avant je jouais au tennis, parce que je m'y sentais obligée. Je voulais être dans les meilleures, ne pas perdre. Mais j'avais du mal à trouver une finalité à ce que je faisais. Aujourd'hui, je sais que Dieu m'a donné un talent pour ce sport. Je joue désormais de tout mon cœur pour rendre gloire à Dieu. »

Un jour, alors que j'étais dans le stade olympique de Londres pour les mondiaux d'athlétisme, j'ai expérimenté la même vague d'amour que celle exprimée par l'athlète paralympique Stef Reid lors d'un reportage vidéo[2] sur son handicap. Elle racontait que lorsqu'elle se trouvait sur la ligne de départ et que les gens l'applaudissaient, c'était une expression de l'amour de Dieu pour elle. Là au milieu d'un stade en délire, j'ai été touché par l'amour de Dieu à travers ce doux murmure qu'Il m'aimait en dehors de toute performance ! Il nous fallait juste être « ensemble ».

---

1. Éphésiens, chapitre 3, versets 17-18.
2. Stef Reid, chaîne Youtube Plusquesportifs.org.

En juin 2022, j'ai été interviewé avec le champion olympique Joël Abati sur cette recherche d'amour dans le regard des autres. Joël évoquait que le sportif est une personne qui souffre d'une forme de déséquilibre qu'il cherche à combler à travers sa quête sportive. Il partageait son parcours face à l'addiction d'être adulé pour ses performances, par cet amour des supporters qui accompagne un athlète pendant sa carrière. Mais lorsque tout s'arrête, lors de la « petite mort » des sportifs, cela laisse un vide : le sportif redevient un citoyen lambda ! La lecture de la Bible l'a aidé dans sa quête d'identité. La pratique du sport n'étant plus la finalité de sa vie, il a trouvé un équilibre entre la foi et sa vie de famille. En Dieu, il a trouvé un partenaire fidèle, aimant et qui ne l'abandonne pas.

Le multiple champion olympique Michael Phelps a déclaré : « Personne ne nous aide », soulignant la situation alarmante des olympiens. Il a réalisé le documentaire *Le poids de l'or* dans lequel des athlètes olympiens racontent leur participation aux Jeux olympiques. « Par ce documentaire, il veut faire comprendre à quel point, malgré les souffrances liées à la pression, à la solitude, à la douleur, "personne ne les aide" ». « Nous ne sommes que des produits », regrette-t-il. « Je peux le dire honnêtement, je ne crois pas qu'en me remémorant ma carrière, quelqu'un ait été assez impliqué pour nous aider. Je ne crois pas que quiconque soit venu nous demander si nous allions bien. Tant que nous avions des performances, je crois que rien d'autre ne comptait[1] ».

1. *Paris Match*, 24 mars 222, « "Personne ne demande si on va bien" : Michael Phelps s'engage pour la santé mentale des athlètes » [en ligne].

Il est temps que le monde du sport prenne au sérieux cet appel au secours ! Les besoins sont colossaux dans l'accompagnement des sportifs de haut niveau. Les aumôniers ont leur place dans le sport car il révèle les maux de notre société.

Selon Malraux, l'humanité ou du moins sa partie occidentale, perd le sens de l'existence, ne voit plus de raison de vivre, n'a plus une transcendance pour la guider, ce qui pourrait la mener à un suicide collectif avec sa puissance technologique. C'est pourquoi le XXIe siècle « sera religieux » ou spirituel, c'est-à-dire que la civilisation retrouvera une transcendance, des principes qui la guident, « ou ne sera pas[1] », c'est-à-dire qu'il s'autodétruira. Il subodorait donc le retour d'une crise de civilisation pour les temps à venir, provoquée par le retour éventuel d'une spiritualité, d'une religion ou d'un phénomène nouveau comme réponse au « vide » central de l'existence humaine moderne[2].

« À un certain niveau, le sport n'a plus rien à voir avec le fair-play. Il met en jeu la haine, la jalousie, la forfanterie, le mépris de toutes les règles et le plaisir sadique que procure le spectacle de la violence : en d'autres termes, ce n'est plus qu'une guerre sans coups de feu », écrivait George Orwell, en décembre 1945. Les choses ont-elles réellement changé depuis ? Le fair-play[3] est pourtant une notion à la mode. J'aspire à voir des sportifs

1. Réflexion attribuée à André Malraux.

2. Laculturegenerale.org, article d'Adrian, 26 octobre 2020 : « Le XXIe siècle sera religieux ou ne sera pas : Malraux » [en ligne].

3. Acceptation loyale des règles.

passer du fair-play au *faith-play*[1] motivés par l'amour de leur prochain, animés par la joie divine[2].

C'est le travail de tous, pas seulement des aumôniers, de prendre soin du monde du sport et de mettre de l'ordre au milieu de ce qui s'apparente parfois à un chaos aux regards des multiples scandales sexuels et financiers. Il en va de notre responsabilité à tous, d'être acteurs d'une culture de la protection de l'intégrité physique, mentale et spirituelle. C'est notre mandat culturel et spirituel. Je prie aussi que dans toutes les sphères de la société, y compris dans l'Église, les sportifs ne soient pas réduits à leurs performances mais soient considérés comme des humains à part entière. La différence entre le succès et l'échec en sport se mesure en millième de seconde. C'est pourquoi nous avons besoin d'apprendre à découvrir le mot : « Grâce ».

Lolo Jones, sprinteuse, double championne du monde en salle raconte : « Je courais les meilleures courses de ma vie et j'ai couché une haie qui m'a coûté la médaille d'or. Au cours de ma vie j'ai dû coucher trois fois une haie, entraînement compris. Je me suis fait défoncer par les médias. Ça m'a broyé. Je n'avais personne à qui parler. Au supermarché, en faisant des courses, des gens me disaient : "Je suis désolé pour ce qui vous arrive". Imaginez que vous divorciez et que partout où vous alliez, quelqu'un vous rappelle sans cesse, "Je suis navré, j'ai

1. Jeu de foi.
2. Proverbes, chapitre 8, versets 30-31 : « Pendant ce temps, j'étais là, près du Seigneur, comme un architecte. Jour après jour, je lui donnais de la joie, je jouais sans cesse devant lui. Je jouais sur le sol de la terre qu'il a faite. Et je trouve ma joie parmi les humains. »

appris que tu divorçais". C'est arrivé plusieurs fois et personne n'était là pour m'aider à travers cela. »

« Les Jeux olympiques résument tout ce qu'on a fait pendant dix ans. Et pendant les quarante prochaines secondes de notre vie d'être humain, ce moment va dicter si l'on obtient l'or ou pas. C'est une médaille d'or et après quoi ? Après c'est terminé et qu'importe l'issue, c'est quelque chose qui unit tous les athlètes olympiens qu'on finisse premier ou dans la disparition totale...[1] » explique encore Apolo Ohno, patineur de vitesse, multiple médaillé olympique.

52 % des athlètes sont prêts à mourir pour une médaille d'or alors que d'autres qui ont déjà remporté cette fameuse médaille disent : « C'est une médaille d'or et après quoi ? »

C. S. Lewis a dit : « Si je trouve en moi un désir qu'aucune expérience dans ce monde ne peut satisfaire, l'explication la plus probable est que j'ai été fait pour un autre monde[2]. » L'homme court après son quart d'heure de gloire et lorsqu'il l'atteint, il reste insatisfait. Il y a plus que l'or et l'argent dans cette vie. Les médailles rouillent, les corps s'usent, les comptes en banque se vident. Que reste-t-il ?

Les sportifs ne sont pas épargnés par les questions existentielles. La complexité de leur activité les amène à vivre avec intensité des épreuves sur de courtes périodes de vie là où un humain lambda traversera les mêmes problématiques sur toute une vie. La course au succès et au record ne doit pas se faire au détriment de l'équilibre psychique et spirituel de l'individu. La confession de foi

1. Documentaire *Le poids de l'or*, de Michael Phelps, 2020.
2. C. S. Lewis, *Les fondements du Christianisme*, L.L.B., 1985.

de Westminster nous apporte un précieux élément de réponse : « La principale raison d'être de l'homme est de glorifier Dieu et de se réjouir en lui pour toujours. »

Alors que la France attend un record de médailles olympiques pour les Jeux de Paris 2024, soyons alertes sur les moyens d'atteindre ces objectifs, quitte à les revoir à la baisse. Mieux vaut gagner peu, humblement, que beaucoup par la corruption et le dopage au détriment de la santé des sportifs. Je prie pour que le sport français puisse prendre en compte la place du bien-être holistique des sportifs et investir dans un héritage qui est plus précieux que l'or. Nous irons « plus loin, plus vite, plus fort, ensemble », en prenant soin les uns des autres, chacun avec ses particularités.

« Nous devons savoir que chacun de nous vit en quête de gloire. L'endroit où nous trouvons cette gloire détermine le succès de notre quête[1]. » Je prie pour que le poids de l'or qui pèse tant sur les épaules des sportifs se transforme en un poids de gloire éternel dans leur quête de sens.

« C'est pourquoi nous ne perdons pas courage. Et alors même que notre homme extérieur se détruit, notre homme intérieur se renouvelle de jour en jour. Car nos légères afflictions du moment présent produisent pour nous, au-delà de toute mesure, un poids éternel de gloire, parce que nous regardons, non point aux choses visibles, mais à celles qui sont invisibles ; car les choses visibles sont passagères, et les invisibles sont éternelles[2]. »

---

1. Dave Harvey, *Secourir l'ambition*, Éditions Cruciforme, 2014.
2. Deuxième Épitre de Paul aux Corinthiens, chapitre 4, verset 16.

REMERCIEMENTS

Je tiens à remercier mon épouse, Emily, et nos quatre enfants : Liam, Evy, Elsy et Lyvia pour leur amour et leur soutien sans faille.

À mes parents pour leur amour inconditionnel, à leur patience et leurs prières durant cette saison difficile de notre vie. Gloire soit rendue à Dieu pour son œuvre de pardon et de réconciliation dans notre famille.

À mon frère pour son aide dans la traduction de ressources anglaises et sa passion pour la théologie avec les livres qu'il me prête.

À ma belle-famille pour leur soutien et leur aide pendant mes absences.

À toute l'équipe d'Holistic Sports France pour leur confiance et leur persévérance dans cette belle vision au service des sportifs.

À mes amis de longues dates qui se reconnaîtront.

À tous ceux qui nous soutiennent fidèlement depuis 2004 dans cette vocation atypique.

À mes amis sportifs, un grand merci particulier à Aurélien Collin, David Alcibiade, Hervaine Moukam, Olivier Giroud, Gilles Yapi-Yapo, Polo Mpoku, Grâce Zaadi, Astride N'gouan, Sandrine Ray pour leur confiance.

À tous ceux qui m'ont encouragé, relu et corrigé dans l'écriture de ce livre : merci Ruben, Nicolas, Rémi, Christophe et Laetitia.

À mon église Espérance des Nations à Rennes.

À tous ceux qui ont acheté ce livre et qui ont pris le temps de mieux me connaître. Un grand merci à vous !

Et surtout un énorme merci à Jésus, champion de mon cœur !

TABLE DES MATIÈRES

Composition : Soft Office

Achevé d'imprimer
sur les presses de la Nouvelle Imprimerie Laballery
58500 Clamecy

N° d'impression : 302773
Achevé dimprimer : mars 2023
Dépôt légal : mars 2023